ENGAGEMENTS
MILITAIRES

⚜

Décrets et instructions ministérielles sur les engagements volontaires,
les rengagements
et les engagements conditionnels d'un an.

Adresser **1** fr. **75** en timbres-poste
à M. Dupré, imprimeur-éditeur à Poitiers, rue Nationale,
l'ouvrage sera envoyé *franco* par la poste.

POITIERS

IMPRIMERIE A. DUPRÉ, RUE NATIONALE.

—

1873

ENGAGEMENTS

MILITAIRES

~~~~

Décrets et instructions ministérielles sur les engagements volontaires,

les rengagements

et les engagements conditionnels d'un an.

Adresser **1 fr. 75** en timbres-poste
à M. Dupré, imprimeur-éditeur à Poitiers, rue Nationale,
l'ouvrage sera envoyé *franco* par la poste.

POITIERS

IMPRIMERIE A. DUPRÉ, RUE NATIONALE.

—

1873

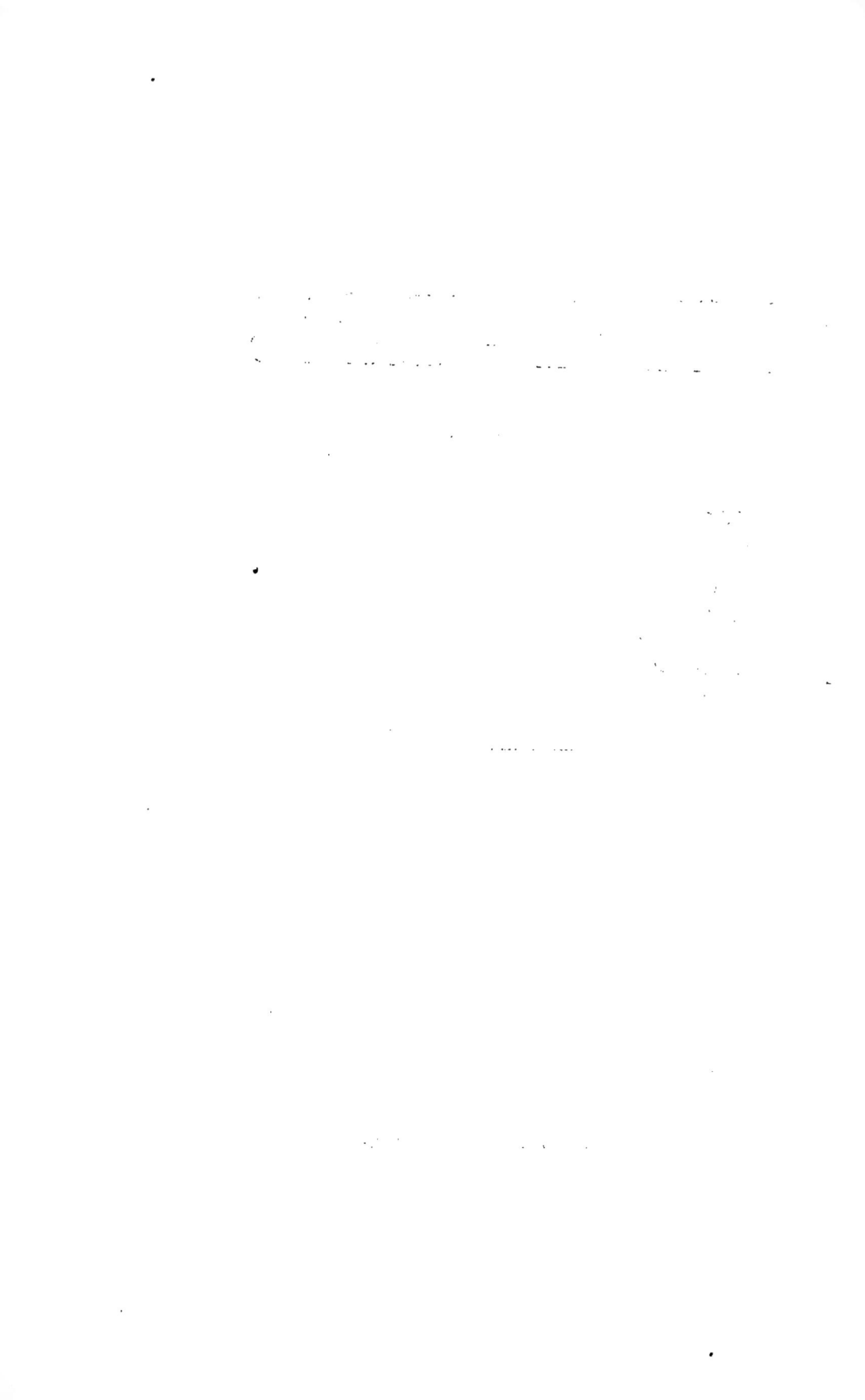

ENGAGEMENTS
MILITAIRES

———◦◦◦———

DÉCRETS

ET INSTRUCTIONS MINISTÉRIELLES

SUR

LES ENGAGEMENTS VOLONTAIRES

LES RENGAGEMENTS

ET LES ENGAGEMENTS CONDITIONNELS D'UN AN

———◦◦◦———

POITIERS

IMPRIMERIE A. DUPRÉ, RUE NATIONALE.

—

1873

PRÉFACE.

La nouvelle législation militaire a introduit d'importantes modifications dans les anciennes conditions de l'engagement volontaire et du rengagement, et elle a créé les engagements conditionnels d'un an qui n'existaient pas dans l'armée française.

Il est très-important pour les jeunes gens et pour leurs familles de connaître l'ensemble des lois, décrets et instructions ministérielles qui régissent cette matière; mais la recherche de ces documents, dispersés dans la collection du *Journal officiel* et du *Bulletin des Lois*, est longue et difficile.

Nous avons donc pensé faire une œuvre utile à tous en publiant ce recueil, dans lequel on trouvera réunis par ordre de date tous les documents officiels relatifs aux engagements et rengagements volontaires ainsi qu'aux engagements conditionnels d'un an.

Dans la première moitié de la brochure, on trouvera les articles de la loi militaire du 27 juillet 1872 concernant les engagements volontaires de cinq ans et les rengagements (pages 1 à 5);

Le décret du 30 novembre 1872 sur la même matière (pages 6 à 14);

L'instruction ministérielle explicative des diverses dispositions de la loi et du décret (pages 15 à 36) ;

Enfin un tableau indiquant la taille et les conditions spéciales à exiger des engagés volontaires, et les différents modèles d'acte et de certificat d'engagement (pages 37 à 44).

La seconde moitié, consacrée aux engagements conditionnels d'un an, contient :

Les articles de la loi militaire du 27 juillet 1872 concernant ces engagements spéciaux (pages 45 à 47) ;

Les décrets des 31 octobre et 1er décembre 1872 sur le même sujet, avec le programme des examens professionnels exigés des candidats au volontariat d'un an (pages 48 à 56) ;

L'instruction ministérielle explicative des diverses dispositions du décret du 1er décembre 1872, qui contient la solution de toutes les difficultés que pourrait soulever l'application de la loi et des décrets (pages 57 à 82) ;

Enfin un tableau indiquant la taille et les conditions d'aptitude que doivent présenter les engagés d'un an, et un modèle de certificat à l'appui des demandes de dégrèvement formées par ces engagés (pages 83 et 84).

C'est donc un Code complet sur la matière que le public trouvera dans ce recueil, dont la publication a pour unique but de mettre à la portée des jeunes gens et des pères de famille, sans dérangement et sans recherche, tout ce qu'il est indispensable de connaître sur cette partie si importante de notre nouveau système de recrutement.

ENGAGEMENTS VOLONTAIRES ET RENGAGEMENTS

Loi du 27 juillet 1872

(Articles 46, 47, 48, 49, 50, 51 et 52).

Des engagements.

ART. 46. — Tout Français peut être autorisé à contracter un engagement volontaire aux conditions suivantes :

L'engagé volontaire doit :

1° S'il entre dans l'armée de mer, avoir seize ans accomplis, sans être tenu d'avoir la taille prescrite par la loi, mais sous la condition qu'à l'âge de dix-huit ans il ne pourra être reçu s'il n'a pas cette taille ;

2° S'il entre dans l'armée de terre, avoir dix-huit ans accomplis, et au moins la taille de 1 mètre 54 centimètres ;

3° Savoir lire et écrire ;

4° Jouir de ses droits civils ;

5° N'être ni marié ni veuf avec enfant ;

6° Être porteur d'un certificat de bonnes vie et mœurs délivré par le maire de la commune de son dernier domicile ; et s'il ne compte pas au moins une année de séjour dans cette commune, il doit également produire un autre certificat du maire des communes où il a été domicilié dans le cours de cette année.

Le certificat doit contenir le signalement du jeune homme qui veut s'engager, mentionner la durée du temps pendant lequel il a été domicilié dans la commune, et attester :

Qu'il jouit de ses droits civils ;

Qu'il n'a jamais été condamné à une peine correctionnelle pour vol, escroquerie, abus de confiance ou attentat aux mœurs.

Si l'engagé a moins de vingt ans, il doit justifier du consentement de ses père, mère ou tuteur.

Ce dernier doit être autorisé par une délibération du conseil de famille.

Les conditions relatives soit à l'aptitude militaire, soit à l'admissibilité dans les différents corps de l'armée, sont déterminées par un décret inséré au *Bulletin des lois*.

ART. 47. — La durée de l'engagement volontaire est de cinq ans.

Les années de l'engagement volontaire comptent dans la durée du service militaire fixée par l'article 36.

En cas de guerre, tout Français qui a accompli le temps de service prescrit pour l'armée active et la réserve de ladite armée est admis à contracter dans l'armée active un engagement pour la durée de la guerre.

Cet engagement ne donne pas lieu aux dispenses prévues par le paragraphe 4 de l'article 17 de la présente loi.

ART. 48. — Les hommes qui, après avoir satisfait aux conditions des articles 40 et 41 de la présente loi, vont être renvoyés en disponibilité, peuvent être admis à rester dans ladite armée de manière à compléter cinq années de service.

Les hommes renvoyés en disponibilité peuvent être autorisés à compléter cinq années de service sous les drapeaux.

ART. 49. — Les engagés volontaires, les hommes admis à rester dans l'armée active, ainsi que ceux qui, en disponibilité, ont été autorisés à compléter cinq années de service dans ladite armée, ne peuvent être envoyés en congé sans leur consentement.

ART. 50. — Les engagements volontaires sont contractés dans les formes prescrites par les articles 34, 35, 36, 37, 38, 39, 40, 42 et 44 du Code civil, devant les maires des chefs-lieux de canton.

Les conditions relatives à la durée des engagements sont insérées dans l'acte même.

Les autres conditions sont lues aux contractants avant la signature, et mention en est faite à la fin de l'acte, le tout sous peine de nullité.

Des rengagements.

ART. 51. — Des rengagements peuvent être reçus pour deux ans au moins et cinq ans au plus.

Ces rengagements ne peuvent être reçus que pendant le cours de la dernière année de service sous les drapeaux.

Ils sont renouvelables jusqu'à l'âge de vingt-neuf ans accomplis pour les caporaux et soldats, et jusqu'à l'âge de 35 ans accomplis pour les sous-officiers.

Les autres conditions sont déterminées par un règlement inséré au *Bulletin des lois.*

Les rengagements, après cinq ans de service sous les drapeaux, donnent droit à une haute paye.

ART. 52. — Les engagements prévus à l'article 48 de la présente loi et les rengagements sont contractés devant les intendants ou sous-intendants militaires, dans la forme prescrite dans l'article 50 ci-dessus, sur la preuve que le contractant peut rester ou être admis dans le corps pour lequel il se présente.

DÉCRET

Du 30 novembre 1872 sur les engagements volontaires et les rengagements.

Le Président de la République française,

Vu la loi du 27 juillet 1872 ;

Vu les art. 46, 47, 48, 49, 50, 51 et 52, relatifs aux engagements et aux rengagements ;

Sur le rapport du ministre de la guerre,

Décrète :

TITRE PREMIER.
Des engagements volontaires.

ARTICLE PREMIER.

La durée de l'engagement volontaire est de cinq ans.

En cas de guerre, il peut être reçu des engagements pour la durée de la guerre.

Le temps de service de l'engagé compte du jour où il a souscrit son acte d'engagement.

ART. 2.

Tout Français qui demande à contracter un engagement volontaire de cinq ans pour servir dans l'armée de terre doit, indépendamment des conditions exigées par l'art. 46 de la loi du 27 juillet 1872, réunir les conditions suivantes :

1º Être sain, robuste et bien constitué ;

2º Ne pas être âgé de plus de vingt-quatre ans accomplis ;

3º Satisfaire, selon le corps où il veut servir, aux conditions de taille et d'aptitude fixées dans le tableau joint au présent décret ;

4° N'être lié au service de terre ou de mer ni comme engagé volontaire ou rengagé, ni comme appelé, ni comme inscrit maritime.

Art. 3.

L'engagé désigne le corps dans lequel il veut servir.

Néanmoins il ne peut faire choix d'un corps en garnison dans le département où il réside que s'il est accepté par le chef de corps.

Il peut toujours être changé de corps et d'arme lorsque l'intérêt ou les besoins du service l'exigent.

Art. 4.

Le jeune homme qui demande à s'engager se présente devant le chef du corps dans lequel il désire prendre du service ou devant le commandant du dépôt de recrutement.

L'officier s'assure que l'homme qui se présente a la taille et les autres qualités requises pour le corps auquel il se destine, et fait constater en sa présence, par un médecin militaire, ou, à défaut, par un docteur en médecine ou en chirurgie désigné par le sous-intendant militaire, que cet homme n'a aucune infirmité ni maladie apparente ou cachée, et qu'il est d'une constitution saine et robuste.

Art. 5.

Muni du certificat qui constate son acceptation par l'autorité militaire, le contractant se présente, en France, devant le Maire d'un chef-lieu de canton, ou, en Algérie, devant le Maire de l'une des villes désignées ci-après :

Province d'Alger : Alger, Aumale, Blidah, Bouffarick, Cherchell, Dellys, Douéra, Koléah, Marengo, Médéah, Milianah, Orléansville, Tenez.

Province d'Oran : Aïn-Temouchen, Saint-Cloud, Saint-Denis-du-Sig, Mascara, Mostaganem, Nemours, Oran, Sidi-bel-Abbès, Tlemcen.

Province de Constantine : Batna, Bône, Bougie, Constantine, Djidjelli, Guelma, Jemmapes, la Cale, Philippeville, Sétif, Soukaras.

Il justifie de son âge par des pièces authentiques, et produit le certificat de bonnes vie et mœurs prescrit par l'art. 46 de la loi du 27 juillet 1872, et, s'il y a lieu, le consentement de son père, de sa mère ou de son tuteur.

Art. 6.

Le Maire constate l'identité du contractant, et lui fait déclarer devant les deux témoins exigés par l'art. 37 du Code civil :

1° Qu'il n'est ni marié ni veuf avec enfant ;

2° Qu'il n'est lié au service de terre ou de mer ni comme engagé volontaire ou rengagé, ni comme appelé, ni comme inscrit maritime.

Ladite déclaration est insérée dans l'acte d'engagement.

Art. 7.

A partir du 1ᵉʳ janvier 1875, la déclaration dont il est parlé à l'article précédent sera écrite et signée par le contractant, en présence du Maire et devant les deux témoins exigés par l'art. 37 du Code civil. Elle restera annexée à la minute de l'acte d'engagement.

Art. 8.

Si l'engagé a été déclaré impropre au service par le Conseil de révision, ou s'il a déjà servi, il doit produire le titre en vertu duquel il a été dégagé de ses obligations militaires ou renvoyé dans ses foyers.

Les inscrits maritimes présenteront un acte de déclassement signé par le Commissaire de l'inscription maritime de leur quartier.

Art. 9.

Les jeunes gens qui ont pris part au tirage au sort de leur classe ne sont reçus à s'engager que jusqu'à la veille du jour où le Conseil de révision examine les jeunes gens du canton auquel ils appartiennent.

Art. 10.

L'acte d'engagement volontaire est conforme au modèle joint au présent décret.

Art. 11.

Avant la signature de l'acte, le Maire donne lecture à l'engagé :

1º Des art. 7, 46, 47 et 50 de la loi du 27 juillet 1872 ;

2º Des art. 13 et 14 et de l'art. 3 du présent décret ;

3º De l'acte d'engagement.

Les certificats et les autres pièces produites par l'engagé restent annexés à la minute de l'acte.

Art. 12.

Tout engagé volontaire reçoit, immédiatement après la signature de son acte d'engagement, une expédition de cet acte et un ordre de route pour se rendre à son corps.

Art. 13.

L'engagé se rend directement à son corps. Il est tenu de s'y présenter dans les délais fixés par son ordre de route.

Art. 14.

Si, un mois après le jour où l'engagé volontaire devait arriver au corps, il n'y a point paru, il est, à moins de motifs légitimes, poursuivi comme insoumis, conformément aux dispositions de l'art. 61 de la loi, et puni d'un emprisonnement d'un mois à un an en temps de paix, et de deux à cinq ans, en temps de guerre. Dans ce dernier cas, à l'expiration de sa peine, il est envoyé dans une compagnie de discipline.

ART. 15.

Tout engagé volontaire qui contesterait la légalité ou la régularité de l'acte qui le lie au service militaire adressera sa réclamation au Préfet du département où l'acte a été contracté. Les Préfets transmettront les demandes en annulation d'acte d'engagement volontaire au Ministre de la guerre, qui statuera, s'il y a lieu, ou renverra la contestation devant les tribunaux.

ART. 16.

L'engagé volontaire reconnu impropre au service militaire reçoit un congé de réforme.

Toutefois l'engagé volontaire réformé pour des motifs autres que pour *blessures reçues dans un service commandé* ou pour *infirmités contractées dans les armées de terre ou de mer* peut être ultérieurement appelé à faire partie de la classe à laquelle il appartient par son âge, si les motifs de la réforme ont cessé d'exister.

Dans ce cas, il lui est tenu compte, sur la durée de son service légal, du temps qu'il a précédemment passé sous les drapeaux.

ART. 17.

Tout Français qui veut contracter dans l'armée active un engagement pour la durée de la guerre doit :

1° Être libre de toute obligation de servir dans l'armée active et dans la réserve de ladite armée ;

2° Être sain, robuste et en état de faire un bon service ;

3° Avoir les qualités requises pour le corps où il veut servir ;

4° N'être pas dans l'un des cas d'exclusion du service militaire prévus par l'art. 7 de la loi du 27 juillet 1872 ;

5° S'il a moins de vingt ans, justifier du consentement de ses père, mère ou tuteur.

L'acte d'engagement pour la durée de la guerre est conforme au modèle annexé au présent décret.

TITRE II.

Engagement spécial aux militaires qui passent de la disponibilité à l'activité.

ART. 18.

Les militaires envoyés en disponibilité et ceux qui doivent y être envoyés après avoir accompli le temps de service prévu soit par les art. 40 et 41, soit par l'art. 56 de la loi du 27 juillet 1872, sont admis, sur leur demande, à compléter cinq années de service sous les drapeaux.

ART. 19.

L'engagement de compléter cinq années de service dans l'armée active est contracté, devant un fonctionnaire de l'intendance militaire, dans les formes prescrites par l'art. 50 de la loi.

L'acte est conforme au modèle n° 4 joint au présent décret.

TITRE III.

Des rengagements.

ART. 20.

Les rengagements sont contractés pour deux, trois, quatre ou cinq ans.

Les conditions d'âge sont réglées de manière que le caporal et le soldat ne soient pas maintenus dans le service actif au-delà de vingt-neuf ans, et le sous-officier au-delà de trente-cinq ans accomplis.

Art. 21.

Le militaire qui fait partie de l'armée active doit, pour être reçu à se rengager, justifier :

1° Qu'il est dans sa dernière année de service actif ;

2° Qu'il réunit les qualités requises pour faire un bon service dans le corps où il veut servir ;

3° Qu'il a toujours tenu une bonne conduite pendant son séjour sous les drapeaux ;

4° Que le chef du corps dans lequel il veut servir consent à le recevoir.

Art. 22.

Le militaire qui fait partie de la réserve de l'armée active peut se rengager, s'il se trouve dans les conditions d'âge prévues par l'art. 20 du présent décret.

Il justifie :

1° Qu'il réunit les qualités requises pour faire un bon service dans le corps qu'il a choisi ;

2° Qu'il a toujours tenu une bonne conduite pendant son séjour sous les drapeaux ;

3° S'il est absent de son corps depuis plus de trois mois, qu'il a tenu une bonne conduite depuis son départ du corps ;

4° Que le chef du corps dans lequel il veut entrer consent à le recevoir.

Art. 23.

Les rengagements sont reçus par les fonctionnaires de l'intendance militaire pour le corps désigné par le rengagé, et dans les formes prescrites par l'art. 50 de la loi du 27 juillet 1872.

L'acte de rengagement est conforme au modèle annexé au présent décret.

Art. 24.

Tout militaire, s'il n'est déjà présent au corps pour lequel il s'est rengagé, est immédiatement dirigé sur le corps dans lequel il veut servir. Le temps de service que le rengagé doit accomplir dans la réserve de l'armée active se confond avec la durée du rengagement.

Art. 25.

La haute paye de rengagement résultant des dispositions de l'art. 51 de la loi n'est due qu'au rengagé comptant cinq années de service sous les drapeaux.

Elle ne peut être touchée que par le militaire entré dans la durée de son rengagement.

Art. 26.

La haute paye journalière à laquelle ont droit les *rengagés* de toutes armes est réglée ainsi qu'il suit :

	INFANTERIE.		CAVALERIE et autres ARMES SPÉCIALES.	
	Sous-officiers.	Caporaux et soldats.	Sous-officiers.	Brigadiers caporaux et soldats.
HAUTE PAYE DITE DU PREMIER CHEVRON. Militaires ayant plus de 5 ans de service et moins de 10..	0 f. 10 c.	0 f. 08 c.	0 f. 15 c.	0 f. 12 c.
HAUTE PAYE DITE DE DEUX CHEVRONS. Militaires ayant plus de 10 ans de service et moins de 15..	0 f. 15 c.	0 f. 10 c.	0 f. 20 c.	0 f. 15 c.
HAUTE PAYE DITE DE TROIS CHEVRONS. Militaires ayant plus de 15 ans de service.............	0 f. 20 c.	» »	0 f. 25 c.	» »

DISPOSITIONS TRANSITOIRES.

Art. 27.

Les militaires actuellement sous les drapeaux qui, au 1ᵉʳ janvier 1873, compteront douze années de service pourront être autorisés à contracter des rengagements de deux à cinq ans, de façon à compléter vingt-cinq ans de service.

Art. 28.

Les sous-officiers, caporaux ou brigadiers et soldats qui, en vertu de l'article précédent, accompliront vingt-cinq ans de service seront admis à faire valoir les droits à la pension de retraite, tels qu'ils sont déterminés par les lois des 11 avril 1831 et 26 avril 1855 sur les pensions.

Art. 29.

Le Ministre de la guerre est chargé de l'exécution du présent décret, qui sera inséré au *Bulletin des lois*.

Fait à Versailles, le 30 novembre 1872.

Signé : A. THIERS.

Par le Président de la République :

Le Ministre de la guerre,

Signé : Général E. DE CISSEY.

Instruction explicative des diverses dispositions du décret du 30 novembre 1872 sur les engagements volontaires et les rengagements.

Circulaire du ministre de la guerre, du 30 novembre 1872.

(TITRE IV DE LA LOI DU 27 JUILLET 1872, 1ʳᵉ ET 2ᵉ SECTIONS.)

TITRE Iᵉʳ.

Engagements volontaires.

—

ARTICLE PREMIER DU DÉCRET.

La législation nouvelle consacre, hors le cas de guerre, deux sortes d'engagements volontaires :

L'engagement de cinq ans;

L'engagement conditionnel d'un an (1).

En cas de guerre, elle admet l'engagement volontaire pour la durée de la guerre.

La durée de l'engagement compte du jour où il a été souscrit : cette disposition est applicable aux jeunes gens qui, après s'être engagés, sont compris comme jeunes soldats dans une classe.

ART. 2 DU DÉCRET (2).

Tout Français qui demande à contracter dans l'armée de terre un engagement volontaire de cinq ans est tenu

---

(1) Un décret spécial déterminera la forme et les conditions suivant lesquelles devront être reçus les engagements conditionnels d'un an.

(2) Le décret du 30 novembre 1872 et la présente instruction n'ont point trait aux conditions de l'engagement volontaire et du rengagement dans les troupes indigènes et dans le régiment étranger, dont le recrutement s'effectue d'après des règles particulières.

de satisfaire d'abord aux conditions exigées par l'art. 46 de la loi sur le recrutement, c'est-à-dire qu'il doit :

1° Avoir au moins dix-huit ans accomplis et la taille d'un mètre cinquante-quatre centimètres ;

2° Jouir de ses droits civils ;

3° N'être ni marié ni veuf avec enfant ;

4° Etre porteur d'un certificat de bonnes vie et mœurs délivré dans les formes prescrites par l'art. 46 de la loi ;

5° S'il a moins de vingt ans, justifier du consentement de ses père, mère ou tuteur. Ce dernier devra être autorisé par le conseil de famille.

A ces conditions principales le décret ajoute des conditions relatives à la situation de l'engagé sous le rapport du recrutement et à son aptitude au service militaire.

L'engagé doit :

1° Être sain, robuste et bien constitué ;

2° Ne pas être âgé de plus de vingt-quatre ans accomplis ;

3° Réunir, suivant le corps dans lequel il demande à entrer, les conditions de taille et d'aptitude indiquées au tableau n° 1 joint au décret ;

4° N'être lié au service dans les armées de terre ou de mer ni comme engagé volontaire ou rengagé, ni comme appelé, ni comme inscrit maritime.

L'âge de vingt-quatre ans est la limite après laquelle l'engagement ne peut plus être reçu, parce que l'engagé ne doit pas se trouver sous les drapeaux comme caporal ou comme soldat après l'âge de vingt-neuf ans accomplis.

ART. 3 DU DÉCRET.

Tout en laissant aux jeunes gens la liberté de choisir le corps où ils veulent entrer, l'art. 3 du décret apporte à cette liberté certaines restrictions, en vue de faciliter le service et le maintien de la discipline.

Les jeunes gens, pour être admis à s'engager dans l'un des corps en garnison dans le département où ils résident, doivent produire le consentement du chef de corps. La même obligation est imposée aux jeunes gens qui résident dans le département de la Seine et qui veulent s'engager dans un corps en garnison dans le département de Seine-et-Oise, et réciproquement.

ART. 4 DU DÉCRET.

Les commandants de dépôt de recrutement et les chefs de corps constatent par eux-mêmes, avec l'assistance d'un médecin, que les jeunes gens qui veulent s'engager ont la taille et l'aptitude physique voulues.

Quant à l'aptitude professionnelle exigée pour certaines armes indiquées au tableau n° 1 joint au décret, ils s'assurent que les engagés la possèdent, en se faisant présenter un certificat qui en justifie.

Ce certificat est établi, soit par le chef de l'un des corps (régiments, compagnies ou sections) où la profession de l'engagé est utilisée, soit par le directeur d'un établissement de l'État, soit par un ingénieur ou par l'architecte du département, soit par le chef d'exploitation de l'une des compagnies de chemins de fer, soit par un syndic ou un maître ouvrier civil. Toute signature autre que celle d'un chef de corps ou d'établissement militaire, apposée sur le certificat ci-dessus mentionné, est dûment légalisée.

Le commandant du dépôt de recrutement ou le chef du corps délivre ensuite à l'engagé un certificat d'acceptation dont le modèle est joint à la présente instruction.

Ce n'est qu'à partir du 1er janvier 1875 que l'obligation de savoir lire et écrire sera imposée à tous les engagés volontaires ; mais, jusqu'à cette date, les jeunes gens qui se présentent pour le corps de sapeurs-pompiers de la ville

2

de Paris et pour la section d'infirmiers militaires n'en devront pas moins, comme précédemment, justifier, devant l'officier qui leur délivre le certificat d'acceptation, qu'ils savent lire et écrire.

Le décret indique, comme pouvant seuls valablement établir le certificat d'acceptation, les commandants de dépôt de recrutement et les chefs de corps, ces derniers uniquement pour le corps qu'ils commandent.

Par exception, à Bastia, l'officier commandant la gendarmerie, et en Algérie les sous-intendants militaires, ont qualité pour établir des certificats d'acceptation.

Les officiers qui délivrent des certificats d'acceptation peuvent être rendus responsables des frais qu'ils occasionnent au Trésor, lorsque les engagés auxquels ces certificats ont été accordés sont reconnus atteints de maladie, chétifs, mal constitués et n'ayant ni la taille ni l'aptitude physique requises pour les corps au titre desquels ils ont contracté leur engagement. La responsabilité des officiers n'est pas couverte par l'avis qu'a émis le médecin.

ART. 5, 6 ET 7 DU DÉCRET.

Muni du certificat qui constate son acceptation par l'autorité militaire, l'homme qui veut s'engager se présente, en France, devant le maire d'un chef-lieu de canton, ou, en Algérie, devant le maire de l'une des villes désignées à l'art. 5 du décret.

Les engagements ne doivent être reçus ni par les maires de simples communes, ni par des consuls français à l'étranger, ni par les officiers que l'art. 89 du Code civil appelle, en certains cas, à remplir les fonctions d'officiers de l'état civil, ni enfin par les maires de nos principaux établissements dans les colonies françaises.

L'omission de l'une des conditions imposées par la loi

étant un cas de nullité de l'acte d'engagement, le maire doit s'assurer par lui-même que l'homme qui demande à s'engager n'est compris dans aucun des cas d'exclusion prévus par l'art. 7 de la loi du 27 juillet 1872, et qu'il remplit les conditions voulues par l'art. 46 de la même loi , qui sont les suivantes :

Ne pas avoir moins de dix-huit ans, ni plus de vingt-quatre ans accomplis.

L'engagé justifie de son âge par un acte de naissance , et, à défaut de cette pièce, par l'acte de notoriété prescrit par l'art. 70 du Code civil, ou encore par un titre produit conformément à l'art. 46 du même Code.

Avoir au moins la taille de 1 m. 54, constatation facile à faire au moyen des mesures étalonnées dont les mairies de chef-lieu de canton doivent être pourvues.

Savoir lire et écrire.

Le maire qui recevra l'engagement fera écrire en sa présence par l'engagé, et devant les deux témoins exigés par le Code civil, la déclaration prescrite par l'art. 6 du décret. Toutefois cette obligation n'existera qu'à partir du 1er janvier 1875.

N'être ni marié ni veuf avec enfant.

De l'impossibilité où pourrait se trouver l'engagé de prouver par pièces authentiques qu'il n'est ni marié , ni veuf avec enfant, ni lié au service militaire à aucun titre, résulte la nécessité de lui faire faire devant le maire, et en présence des deux témoins désignés par le Code civil, la déclaration prescrite par l'art. 6 du présent décret. Cette déclaration est consignée dans l'acte d'engagement.

A dater du 1er janvier 1875, elle sera écrite et signée du déclarant, en présence des deux témoins, et sera jointe à la minute de l'acte d'engagement.

Jouir de ses droits civils.

L'engagé en justifie par la production du certificat établi

conformément aux prescriptions de l'art. 46 de la loi du
27 juillet 1872 (modèle n° 7 de la présente instruction).

Ce certificat, qui atteste que l'engagé n'a subi aucune
condamnation correctionnelle pour vol, escroquerie, abus
de confiance ou attentat aux mœurs, est légalisé par le
Préfet. Toutefois, si l'homme s'engage dans le département où il a sa résidence, cette légalisation n'est pas indispensable.

Si l'engagé volontaire a moins de vingt ans, il est tenu
de justifier du consentement de son père, de sa mère ou
de son tuteur. Ce dernier doit être dûment autorisé par une
délibération du conseil de famille. Le consentement des
père, mère ou tuteur, qu'ils soient présents ou absents,
est toujours donné par écrit, et la pièce qui le constate est
annexée à la minute de l'acte souscrit par l'engagé. Mention sera faite d'ailleurs, dans l'acte d'engagement, de
l'accomplissement de cette formalité.

Quant aux conditions d'aptitude physique et professionnelle que doit remplir l'engagé, il en est justifié par le
certificat d'acceptation que lui a délivré l'autorité militaire
et que le Maire se fait remettre, après avoir procédé aux
constatations précédentes.

L'art. 6 du décret veut que les Maires constatent l'identité de l'engagé. Le signalement qui figure sur le certificat
de bonnes vie et mœurs, et celui qui est inscrit sur le certificat d'acceptation délivré par l'autorité militaire, leur ser-
viront à cet effet.

ART. 8 DU DÉCRET.

L'homme qui demande à s'engager et qui a été exempté
pour inaptitude au service militaire, par le conseil de révision, peut être reçu à contracter un engagement volontaire s'il réunit plus tard les conditions d'aptitude prescrites par le présent décret. Il justifie qu'il a été dégagé

de ses obligations militaires par la production d'un certificat délivré par le préfet et constatant la décision du conseil de révision à son égard.

Le militaire qui a été réformé du service peut également être reçu à contracter un engagement volontaire, si les causes qui ont motivé sa réforme ont cessé d'exister.

Tout homme qui a déjà servi et qui veut s'engager doit justifier qu'il est dégagé des obligations qui lui étaient imposées, par la production de l'un des titres indiqués ci-dessous :

S'il a servi comme appelé. — Congé de réforme.

S'il a servi comme engagé volontaire.	Congé de réforme, *Ou* extrait, établi par le maire, de la décision judiciaire ou administrative portant annulation de l'acte d'engagement.
S'il a servi comme inscrit maritime.	Acte de déclassement signé par le commissaire de l'inscription maritime de son quartier.

Les militaires qui ont accompli le temps de service auquel ils étaient tenus en exécution des lois antérieures doivent, pour être admis à contracter un engagement volontaire, produire le titre en vertu duquel ils sont dégagés de leurs obligations.

ART. 9 DU DÉCRET.

Aux termes de cet article, les jeunes gens continuent à être admis, après le tirage au sort de leur classe, à contracter un engagement volontaire, mais ces engagements ne peuvent être souscrits que jusqu'à la veille du jour où le conseil de révision examine les jeunes gens du canton auquel appartient l'engagé, et non, comme précédemment, jusqu'à la veille du jour de la clôture du contingent cantonal. Passé cette époque, les jeunes gens ne peuvent plus que demander à devancer la mise en activité.

Les jeunes gens porteurs de numéros de tirage que les commandants des dépôts de recrutement jugeront, d'après les résultats des trois années précédentes, susceptibles d'être compris dans le contingent de l'armée de mer, ne peuvent s'engager que pour la marine (1).

Par suite, les jeunes gens des classes ne doivent plus s'engager entre le tirage au sort et la révision sans que le commandant du dépôt de recrutement du département où ils ont concouru au tirage ait été consulté, puisque cet officier est seul à même d'apprécier si leurs numéros les désignent pour l'armée de mer.

ART. 10 DU DÉCRET.

Le modèle d'acte d'engagement est fixé par le décret.

Il est indispensable de se conformer exactement à ce modèle et de n'y apporter aucun changement, une modification dans sa teneur pouvant en altérer la régularité et, par suite, la validité. Les maires ne doivent pas d'ailleurs perdre de vue que l'art. 65 de la loi punit de peines portées dans l'art. 185 du Code pénal tout fonctionnaire ou officier public, civil ou militaire, qui aura donné arbitrairement une extension quelconque soit à la durée, soit aux règles ou conditions des engagements.

ART. 11 DU DÉCRET.

L'art. 50 de la loi veut que les conditions relatives à la durée des engagements soient insérées dans l'acte même,

---

(1) Des instructions spéciales détermineront les formes et les conditions dans lesquelles les jeunes gens seront admis à s'engager pour l'armée de mer.

qué les autres conditions soient lues aux contractants avant la signature, et que mention de cette lecture soit faite à la fin de l'acte, le tout sous peine de nullité.

La durée de l'engagement, ainsi que l'époque à laquelle cette durée commence, sera donc mentionnée dans l'acte.

Avant la signature de l'acte, les maires liront au contractant les art. 7, 46, 47 et 50 de la loi du 27 juillet 1872. L'art. 7 spécifie les cas d'exclusion qui sont applicables aux engagés comme aux jeunes gens appelés. Les autres articles stipulent les conditions de l'engagement volontaire.

Les maires liront aussi au contractant les dispositions :

1º Des art. 13 et 14 du décret du 30 novembre 1872, concernant les obligations de l'engagé volontaire mis en route et les peines auxquelles il s'expose s'il n'y satisfait pas ;

2º De l'art. 3 du même décret, d'après lequel l'engagé volontaire peut être changé de corps et d'arme, lorsque l'intérêt ou les besoins du service l'exigent.

Enfin les maires lui liront en entier l'acte qu'il doit souscrire, afin qu'il n'ignore aucune des clauses ou conditions qui y sont mentionnées.

Les diverses pièces produites par l'engagé volontaire resteront annexées à la minute de l'acte, pour que l'on puisse y recourir si l'acte était attaqué en nullité soit par le contractant, soit par l'Administration.

ART. 12 DU DÉCRET.

Immédiatement après la signature de l'acte d'engagement, l'engagé volontaire reçoit du maire une expédition de cet acte, et du sous-intendant militaire un ordre de route pour se rendre à son corps.

S'il n'y a point de sous-intendant militaire dans le lieu où l'acte a été reçu, le maire délivre à l'engagé une feuille de route provisoire ou sauf-conduit portant injonction de se présenter devant le sous-intendant militaire chargé du service de recrutement dans le département. Le maire adresse, dans tous les cas, une autre expédition de l'acte d'engagement au sous-intendant militaire.

Le sous-intendant, sur le vu de l'acte dont l'engagé est porteur ou de l'expédition qu'il reçoit, inscrit l'engagé sur un contrôle dont le modèle est joint à la présente instruction. Il transmet ensuite l'expédition de l'acte d'engagement au conseil d'administration du corps sur lequel l'engagé a été dirigé. Il y joint un bulletin conforme au modèle annexé à la présente instruction. Le chef de corps lui renvoie cette pièce aussitôt après l'incorporation de l'engagé, ou un mois après l'époque fixée pour son arrivée dans le cas où l'engagé ne s'est pas présenté.

Si l'engagement a été reçu par un officier de l'état civil autre qu'un maire de chef-lieu de canton ou que le maire de l'une des villes d'Algérie désignées à cet effet par le présent décret, le sous-intendant militaire s'abstient de délivrer une feuille de route à l'engagé, et signale l'irrégularité commise au préfet, en lui envoyant l'acte.

Quand l'engagé est porteur d'une feuille de route provisoire ou d'un sauf-conduit, le sous-intendant militaire se fait représenter l'expédition de l'acte d'engagement et la feuille de route provisoire remises à l'engagé par le maire du chef-lieu de canton.

Le sous-intendant délivre ensuite à l'engagé une feuille de route et les mandats d'indemnité de route nécessaires, en lui tenant compte de cette indemnité à partir du lieu où l'engagement a été reçu.

La feuille de route provisoire ou sauf-conduit reste déposée dans les bureaux du sous-intendant militaire. L'acte d'engagement est rendu à l'engagé volontaire, afin que cette pièce puisse servir à son incorporation, si l'expédition adressée par le sous-intendant militaire avait éprouvé des retards ou s'était égarée.

Pour les jeunes gens de la classe, engagés entre le tirage au sort et les opérations de la révision, le sous-intendant, au reçu de l'acte, donne immédiatement avis de l'engagement au préfet du département dans lequel l'engagé a concouru au tirage.

Si l'engagé volontaire tombe malade en route, il est admis dans un hôpital. Le sous-intendant militaire ayant la police de cet établissement, ou le fonctionnaire qui le supplée, fait connaître l'entrée à l'hôpital de l'engagé volontaire au sous-intendant militaire du département où l'engagement a été contracté, et au corps sur lequel l'engagé a été dirigé.

Lorsque l'engagé volontaire sort de l'hôpital, le sous-intendant militaire en donne également avis à l'un et à l'autre.

Lorsque l'engagé volontaire meurt en route, l'acte d'engagement, la feuille de route et les mandats dont il est trouvé porteur, ainsi que son acte de décès, sont envoyés par l'officier de l'état civil au préfet du département où le décès a eu lieu, pour être, par ce fonctionnaire, transmis, savoir :

L'acte d'engagement, à l'officier de l'état civil qui l'a dressé ;

La feuille de route et les mandats, au sous-intendant militaire qui les a délivrés ;

L'acte de décès, au conseil d'administration du corps sur lequel l'engagé a été dirigé.

ART. 13 DU DÉCRET.

Lorsqu'un engagé volontaire est trouvé hors de sa route par la gendarmerie, il est amené devant le commandant de la gendarmerie de l'arrondissement, qui, suivant le résultat de l'interrogatoire auquel il le soumet, le fait remettre sur le chemin qu'il doit suivre, ou conduire de brigade en brigade à son corps.

Dès son arrivée au corps, l'engagé est soumis à un examen tant au point de vue de l'aptitude physique que de l'aptitude professionnelle. Si son aptitude pour l'arme dans laquelle il a été admis n'est pas reconnue, il reçoit immédiatement du général commandant le corps d'armée ou la division une autre affectation; s'il est reconnu impropre à tout service, il est présenté pour être réformé.

Les généraux commandant les corps d'armée ou les divisions militaires rendront compte au Ministre de la guerre des changements d'affectation qu'ils auront ordonnés, et des réformes prononcées à l'arrivée au corps, afin qu'il puisse être statué à l'égard des officiers qui ont délivré le certificat d'acceptation.

Lorsqu'un engagé volontaire compris dans une classe vient à être inscrit sur le registre matricule prévu par l'article 33 de la loi, le commandant du dépôt de recrutement en informe le corps par l'envoi d'un signalement qui lui est renvoyé avec l'avis de la présence au corps de l'engagé.

Ce signalement indique si l'engagé volontaire fait partie de la première ou de la deuxième partie de la classe, afin qu'il puisse être rétabli dans la situation qui lui appartient, comme appelé, si l'acte d'engagement volontaire venait à être annulé.

ART. 14 DU DÉCRET.

Lorsqu'un engagé volontaire n'est pas arrivé à destination dans le délai d'un mois, s'il n'a d'ailleurs été justifié d'aucun empêchement légitime, le chef de corps renvoie au sous-intendant militaire dans le département duquel l'engagement a été contracté les pièces que ce fonctionnaire lui avait adressées.

Le sous-intendant militaire transmet sans retard les pièces indiquées ci-dessus au commandant du dépôt de recrutement, chargé de prendre tous les renseignements sur la situation de l'engagé et de le poursuivre comme insoumis, s'il y a lieu.

Art. 15 du décret.

Lorsque des engagés volontaires ou leurs familles portent plainte en annulation d'un acte d'engagement, les motifs sont ou des contraventions évidentes aux conditions de la loi, ou l'absence des formes qu'elle prescrit, ou bien encore des questions d'état civil.

Pour les réclamations des deux premières espèces, il serait superflu d'obliger les engagés ou leur famille à recourir aux tribunaux, et ce serait occasionner à l'État des dépenses en pure perte que de garder pendant ce temps sous les drapeaux des hommes illégalement admis dans les rangs de l'armée. Aussi le Ministre de la guerre doit-il être saisi sans retard pour statuer immédiatement, s'il y a lieu, ou renvoyer la contestation devant les tribunaux.

L'engagé doit, à cet effet, adresser une réclamation au préfet du département où l'acte a été contracté. Si l'homme est sous les drapeaux, sa réclamation doit parvenir au préfet par l'intermédiaire du conseil d'administration du corps où il se trouve.

Les préfets transmettent les demandes en annulation, accompagnées d'une copie de l'acte et des pièces à l'appui, au Ministre de la guerre.

Art. 16 du décret.

Quand, pendant la durée de son service, un engagé a

été réformé pour blessures reçues ou pour infirmités contractées dans les armées de terre ou de mer, il ne peut pas
être appelé à faire partie de sa classe, lors même que
l'inaptitude au service résultant de ces blessures ou de ces
infirmités aurait cessé d'exister. Il a , en effet , payé sa
dette à l'État.

Mais si l'engagé a été réformé pour des causes étran-
gères au service militaire, il doit être inscrit sur les listes
de sa classe, lorsqu'il est reconnu plus tard propre au service par le conseil de révision ; le seul bénéfice qu'il puisse
réclamer est de compter en déduction du temps de son
service légal celui qu'il a passé sous les drapeaux. C'est le
droit que consacre le dernier paragraphe de l'art. 16 du
décret.

ART. 17 DU DÉCRET.

L'art. 17 concerne les engagements qui peuvent être
contractés dans l'armée active pour la durée de la guerre,
et détermine les conditions de ces engagements.

Ces conditions sont moins rigoureuses que celles qui
sont imposées par la loi aux engagés volontaires pour cinq
ans. L'homme que la loi n'appelle ni dans l'armée active
ni dans la réserve de l'armée active doit, en effet, être
admis à prendre les armes en temps de guerre, quel que
soit son âge, dès qu'il est apte à faire un bon service dans
le corps pour lequel il s'engage, et qu'il n'a pas subi l'une
des condamnations pour lesquelles l'art. 7 de la loi prononce l'exclusion des rangs de l'armée.

Il est astreint toutefois aux conditions de taille et d'aptitude spéciales aux différentes armes.

L'homme qui demande à s'engager pour la durée de la
guerre produit :

S'il a accompli dans l'armée active et dans la réserve

de l'armée active le temps de service prescrit, son titre d'envoi dans l'armée territoriale ou un certificat de libération définitive du service militaire ;

S'il a été exempté ou réformé, un certificat d'exemption ou un congé de réforme. Il présente en outre :

1° Son acte de naissance ;

2° Un certificat délivré par le commandant du dépôt de recrutement ou par le chef du corps dans lequel il veut s'engager, constatant qu'il est sain, robuste, en état de faire un bon service, et qu'il a les qualités requises pour le corps où il veut entrer ;

3° Un extrait du casier judiciaire, ou un certificat du maire attestant qu'il ne se trouve pas dans l'un des cas d'exclusion du service militaire prévus par l'art. 7 de la loi du 27 juillet 1872 (1).

Il produit le consentement de ses père, mère ou tuteur, s'il a moins de vingt ans.

Les conditions de savoir lire et écrire, de jouir de ses droits civils, de n'être ni marié ni veuf avec enfant, ne lui sont point imposées, et il n'est pas tenu de produire le certificat mentionné à l'art. 46 de la loi du 27 juillet 1872.

L'acte d'engagement volontaire pour la durée de la guerre est conforme au modèle spécial n° 3 inséré dans le décret. Il est souscrit devant l'officier de l'état civil comme les autres engagements.

---

(1) Article 7 de la loi du 27 juillet 1872 :
Sont exclus du service militaire et ne peuvent, à aucun titre, servir dans l'armée :
1° Les individus qui ont été condamnés à une peine afflictive ou infamante ;
2° Ceux qui, ayant été condamnés à une peine correctionnelle de deux ans d'emprisonnement et au dessus, ont, en outre, été placés par le jugement de condamnation sous la surveillance de la haute police, et interdits, en tout ou en partie, des droits civiques, civils ou de famille.

TITRE II.

Engagement spécial aux militaires qui passent de la disponibilité à l'activité.

ART. 18 DU DÉCRET.

Les militaires qui accomplissent le temps de service prescrit par les articles 40 et 41 de la loi du 27 juillet 1872 ;

Les engagés conditionnels d'un an présents au corps ;

Les militaires envoyés en disponibilité conformément à l'art. 42 ou aux dispositions finales de l'art. 17 de la loi, ou après avoir accompli le temps de service exigé des engagés conditionnels d'un an ;

Sont admis, sur leur demande, en exécution de l'art. 18 du décret, à accomplir sous les drapeaux le temps de service qu'ils devaient passer dans la disponibilité.

Peuvent seuls être admis :

Les militaires sous les drapeaux qui comptent au moins trois mois de présence dans l'armée active ;

Ceux qui sont en disponibilité dans leurs foyers et qui ont encore au moins une année de service actif à faire.

Cette dernière disposition s'explique naturellement par le fait que l'homme en disponibilité, qui se trouve dans sa dernière année de service actif, est admissible à contracter un rengagement.

Les militaires choisissent le corps dans lequel ils veulent compléter cinq années de service actif, mais seulement dans l'arme où ils ont déjà servi.

ART. 19 DU DÉCRET.

Les militaires présents sous les drapeaux produisent au sous-intendant chargé de la surveillance administrative du corps dans lequel ils servent une attestation du chef de ce corps portant qu'ils réunissent les qualités requises pour faire un bon service.

Les militaires en disponibilité se présentent devant le sous-intendant chargé du service du recrutement dans le département où ils se trouvent ; ils produisent :

1° Un certificat du commandant du dépôt de recrutement ou du chef du corps dans lequel ils veulent entrer, constatant qu'ils réunissent les qualités requises pour faire un bon service dans ce corps ;

2° Leur titre d'envoi dans la disponibilité.

Tout militaire qui demande à entrer dans un nouveau corps doit, en outre, être porteur d'un certificat attestant que le chef du corps qu'il a choisi consent à le recevoir.

Le sous-intendant s'assure que le militaire satisfait aux conditions prévues par la présente instruction et que les pièces qui lui sont soumises sont régulières.

Il établit ensuite un acte conforme au modèle joint au décret.

Après la signature de l'engagement, le sous-intendant en donne avis :

1° Dans le cas où l'homme est en activité de service, au corps où il sert, et, s'il y a lieu, au corps où il a demandé à servir ;

2° Dans le cas où l'homme est en disponibilité dans ses foyers, au commandant du dépôt de recrutement du département auquel il appartient et au corps où il a demandé à servir.

Les militaires en disponibilité qui se sont engagés à compléter dans l'armée active cinq années de service sont immédiatement dirigés sur le corps qu'ils ont choisi.

Les militaires présents sous les drapeaux sont également ment dirigés sans délai sur le corps de leur choix, à moins d'empêchement résultant de l'intérêt du service ou de la discipline, et à moins, pour les engagés conditionnels d'un an, qu'ils ne préfèrent achever leur période d'instruction comme volontaires d'un an, auquel cas ils seraient mis en route sur leur nouveau corps aussitôt après avoir subi l'examen prescrit par l'art. 56 de la loi.

TITRE III.

Rengagements.

ART. 20 DU DÉCRET.

L'art. 20 rappelle les prescriptions de l'art. 51 de la loi du 27 juillet 1872 relatives à la durée des rengagements et à l'âge du rengagé.

Ces prescriptions sont applicables aux militaires de l'armée active et de la réserve de l'armée active.

ART. 21 DU DÉCRET.

Lorsqu'un militaire de l'armée active veut se rengager, il en fait la demande à son chef de corps. Celui-ci s'assure que le militaire qui demande à se rengager réunit les conditions exigées par l'art. 21 du décret, et qui sont les suivantes :

Être dans sa dernière année de service ;

Être apte au service ;

(L'aptitude physique ne saurait être présumée par le fait que l'homme est présent au drapeau. De là l'obligation de constater de nouveau cette aptitude au moment où il demande à se rengager.)

Avoir tenu une bonne conduite pendant son séjour sous les drapeaux ;

(Il importe plus que jamais, en présence des dispositions de la loi nouvelle, de ne conserver comme rengagés que des hommes d'une moralité sûre, et capables de donner l'exemple des vertus militaires. La responsabilité d'un chef de corps serait gravement compromise par l'acceptation comme rengagé d'un homme dont la conduite aurait laissé à désirer.)

Être accepté par le chef du corps où il veut accomplir son rengagement.

Le chef du corps où sert le rengagé établit un certificat constatant que le militaire réunit les conditions ci-dessus.

Dans le cas où le rengagement a lieu pour le corps qu'il commande, il déclare à la suite de ce certificat consentir au rengagement projeté.

Si le rengagement, au contraire, doit entraîner un changement de corps, le militaire est tenu de joindre au certificat dont il s'agit l'acceptation par écrit du chef du corps où il veut entrer.

Les conditions énumérées ci-dessus sont exigibles pour le rengagement des militaires de l'armée active en disponibilité dans leurs foyers. Toutefois c'est au commandant du dépôt de recrutement du département où ils résident, et non à leur chef de corps, que ces militaires demandent le certificat constatant qu'ils sont dans la dernière année de leur service d'activité, et qu'ils sont aptes au service. Si la durée de leur séjour dans l'armée active a permis de leur délivrer un certificat de bonne conduite, ils justifient de l'obtention de cette pièce. Dans le cas contraire, ils ont à prouver qu'ils ne sont pas restés un an sous les drapeaux. Enfin ils présentent, s'ils sont dans leurs foyers depuis plus de trois mois, le certificat de bonne conduite exigé des militaires de la réserve par l'art. 22 du décret.

ART. 22 DU DÉCRET.

Les militaires de la réserve peuvent se rengager, quel

que soit le temps qu'ils aient à faire dans la réserve, mais ils doivent satisfaire aux conditions générales prescrites par l'art. 20 du décret. Il importe, dès lors, que l'officier qui consent à l'admission du militaire de la réserve dans le corps qu'il commande spécifie, sur ce consentement, quand le militaire a été sous-officier dans l'armée active, s'il veut le recevoir comme sous-officier ou comme soldat.

Le rengagé justifie qu'il réunit les qualités requises pour faire un bon service en présentant un certificat délivré par le commandant du dépôt de recrutement de son département ou par le chef du corps où il veut servir. Il produit, en outre, le titre en vertu duquel il se trouve dans la réserve, ainsi que son certificat de bonne conduite sous les drapeaux. Il se procure enfin, s'il y a lieu, le certificat de bonne conduite dans ses foyers (modèle no 8), joint à la présente instruction.

ART. 23 DU DÉCRET.

Le rengagement des militaires de l'armée active présents au drapeau est reçu par le sous-intendant militaire chargé de la surveillance administrative du corps auquel appartient le rengagé, alors même que le rengagement est souscrit pour un autre corps.

Quant aux rengagements des militaires de l'armée active en disponibilité et des militaires de la réserve, ils sont signés devant le sous-intendant militaire chargé du service du recrutement dans le département où résident les rengagés.

Le rengagement est reçu pour le corps choisi par le militaire.

ART. 24 DU DÉCRET.

Les militaires sous les drapeaux qui souscrivent des rengagements au titre d'un corps autre que celui où ils servent sont, à moins d'empêchement résultant de l'intérêt du service ou de la discipline, dirigés immédiatement sur ce nouveau corps.

Les militaires de la disponibilité et de la réserve sont mis en route immédiatement après qu'ils ont souscrit leur acte de rengagement.

La durée du rengagement du militaire de l'armée active, présent au drapeau ou en disponibilité dans ses foyers, court du jour où cesse le service d'activité auquel est tenu le rengagé, tandis que la durée du rengagement du militaire de la réserve se confond avec le temps de réserve qu'il avait à accomplir.

Art. 25 et 26 du décret.

Les dispositions des art. 25 et 26 du décret sont applicables à tout militaire qui compte cinq années de service effectif. Le temps passé dans la disponibilité ou dans la réserve, le temps passé en sursis, en insoumission ou en détention, ne saurait être compté pour l'obtention des hautes payes dites de chevrons.

DISPOSITIONS TRANSITOIRES.

Art. 27 et 28 du décret.

Les dispositions de l'art. 27 du décret ont pour objet de ménager les droits acquis par des hommes qui, avant la promulgation de la loi du 27 juillet 1872, avaient déjà consacré une partie de leur existence au service du pays, et qui, étant disposés à continuer une carrière à laquelle ils se sont voués, devaient, d'après la législation antérieure, compter sur une pension de retraite à la fin de cette carrière. Mais, tout en respectant des situations dignes

d'intérêt, l'État doit demander que les hommes exception-
nellement maintenus sous les drapeaux jusqu'à vingt-cinq
ans de service accompli présentent des garanties suffisantes
pour la continuation d'un bon service.

En conséquence, les chefs de corps devront se montrer
sévères pour la délivrance des autorisations de rengagement qu'ils seront appelés à accorder, et ne conserver sous
les drapeaux que les hommes doués d'une bonne constitution, qui se seront fait remarquer par leur zèle, leur
moralité et leur bonne conduite.

Versailles, le 30 novembre 1872.

Le Ministre de la guerre,

Général E. DE CISSEY.

Art. 2 du décret
du 30 novembre 1872.

TABLEAU annexé au décret du 30 nov. 1872 et indiquant la taille à exiger des engagés volontaires.

DÉSIGNATION DES CORPS.		TAILLE EXIGÉE.		CONDITIONS SPÉCIALES D'APTITUDE (A).
		Maximum.	Minimum.	
	/	m. c.	m. c.	
Infanterie.	Régiments d'infanterie. . . .	»	1 54	
	Bataillons de chasseurs à pied et régiments de zouaves. . .	»	1 54	
	Régiment de sapeurs-pompiers de la ville de Paris (1). . . .	»	1 54	
Cavalerie.	Régiments de cuirassiers (2). .	»	1 70	
	Id. de dragons.	1 72	1 66	
	Id. de chasseurs.	1 70	1 63	
	Id. de hussards.	1 70	1 63	
	Id. de chasseurs d'Afrique.	1 72	1 63	
Artillerie.	Id. d'artillerie.	»	1 67	
	Id. de pontonniers.	»	1 67	
	Id. du train d'artillerie. . .	»	1 66	
	Compagnie d'ouvriers d'artillerie et de canonniers artificiers.	»	1 64	Être forgeur, mécanicien, serrurier, taillandier, cloutier, charron, charpentier, menuisier, tonnelier, sellier ou bourrelier.
Génie	Régiments (3).	»	1 66	Être dessinateur, ouvrier en fer ou en bois, ouvrier des mines et carrières, maçon, terrassier, maréchal ferrant, sellier ou bourrelier, employé dans le service de la télégraphie ou dans le service des chemins de fer comme mécanicien, chauffeur, ajusteur et monteur.
Équip. milit.	Train des équipages militaires.	»	1 64	Être forgeur, serrurier, taillandier, cloutier, charron, menuisier, sellier ou bourrelier.
	Compagnie d'ouvriers constructeurs.	»	1 64	
Troupes de l'administration.	Première section d'ouvriers militaires d'administration.	»	1 54	Être cultivateur, maçon, fumiste, menuisier, charpentier, tourneur, charron, serrurier, mécanicien, forgeron ou bourrelier.
	Les autres sections d'ouvriers militaires d'administration.	»	1 54	Être commis aux écritures, meunier, boulanger, boucher, tonnelier, botteleur, ouvrier en cuir, étameur, emballeur.
	Section des commis aux écritures des bureaux de l'intendance (4).	»	1 54	
	Section d'infirmiers militaires.	»	1 54	

(1) Le consentement du chef du corps doit être produit pour l'admission dans les sapeurs-pompiers. — (2) Il n'y a pas de maximum de taille pour les cuirassiers ; toutefois l'homme de très-haute taille, s'il n'est pas fortement constitué, n'y sera pas admis. — (3) Les musiciens seront reçus dans les régiments du génie à la taille de 1 m. 54. — (4) Un certificat de capacité délivré par un fonctionnaire de l'intendance doit être produit pour être admis dans la section des commis aux écritures.

(A) Les hommes exerçant les professions de maréchal ferrant, sellier ou bourrelier, armurier, tailleur ou cordonnier, pourront être reçus à la taille de :
1 m 67 pour les régiments de cuirassiers ; 1 m. 65 pour les régiments d'artillerie, de pontonniers et du train d'artillerie ; 1 m. 64 pour les régiments de dragons ; 1 m. 62 pour les régiments de chasseurs, de hussards, de chasseurs d'Afrique, du génie, et pour le corps du train des équipages militaires.
Les hommes exerçant les professions d'armurier, de tailleur ou de cordonnier pourront être reçus à la taille de :
1 m. 62 pour les compagnies d'ouvriers d'artillerie et de canonniers artificiers et pour les compagnies d'ouvriers constructeurs des équipages militaires.
Les mécaniciens, chauffeurs, ajusteurs, et monteurs de chemin de fer seront reçus à la taille de :
1 m. 62 pour les régiments du génie.

Le Ministre de la guerre, général E. DE CISSEY.

MODÈLE N° 2.

Art. 10 du décret
du 30 novembre 1872.

ACTE D'ENGAGEMENT.

(1) Maire ou adjoint.

L'an　　　le　　　à　　　heure ,
s'est présenté devant nous (1)　　　de la
commune d　　　chef-lieu de canton ,
département d

(2) Nom et prénoms.

Le sieur (2)　　　âgé de
exerçant la profession d (A)　　　domicilié

(A) Si l'engagé a déjà servi , on indiquera, à la suite de sa profession, en quelle qualité et dans quel corps.

à　　　canton d　　　département
d　　　résidant à　　　canton
d　　　département d
fils d　　　et d
domiciliés à　　　canton d
département d　　　cheveux
sourcils　　　front　　　yeux
nez　　　bouche　　　menton

(3) Indiquer ici les marques particulières.

visage　　　(3),　　　taille d'un mètre
centimètres.

(4) Nom et prénoms du premier témoin.

Lequel, assisté du sieur (4)
âgé de　　　exerçant la profession d
domicilié à　　　canton d

(5) Nom et prénoms du deuxième témoin.

département d　　　et du sieur (5)
　　　âgé d　　　exerçant la profession
d　　　domicilié à
canton d　　　département
d　　　appelés l'un et l'autre
comme témoins, conformément à la loi ;

A déclaré vouloir s'engager pour servir dans

(6) Indication du corps choisi par l'engagé.

l (6)　　　. A cet effet, il a écrit et signé en
notre présence et il nous a remis la déclaration : (B)

(B) Jusqu'au 1er janvier 1875, cette déclaration pourra être faite verbalement : dans ce cas, on le mentionnera dans l'acte.

1° Qu'il n'est ni marié ni veuf avec enfant ;

2° Qu'il n'est lié au service ni comme appelé, ni comme engagé volontaire ou rengagé, ni comme inscrit maritime.

●

(7) Nom et prénoms de l'engagé.

Cette déclaration restera annexée à la minute de l'acte.

Ledit sieur (7) nous a présenté :

1° Un certificat délivré sous la date du par (8) et constatant que ledit sieur (9) n'est atteint d'aucune infirmité ; qu'il a la taille et les autres qualités requises pour le (10) dans lequel il demande à entrer ;

(8) Nom, grade et qualité de l'officier signataire du certificat.

(9) Nom de l'engagé.

(10) Désignation du corps ; ce corps est indiqué par l'officier, qui délivre le certificat d'après l'aptitude de l'engagé.

(c) Si ce n'est pas un acte de naissance que l'engagé produit, on énoncera le titre qu'il présentera, conformément à l'art. 46 du Code civil.

(11) Indication en toutes lettres du jour, du mois et de l'année de la naissance.

(12) Indiquer la commune.

2° Son acte de naissance (c) constatant qu'il est né le (11) à canton d département d

3° Un certificat de bonnes vie et mœurs délivré sous la date du par le maire d (12) conformément à l'article 46 de la loi du 27 juillet 1872 et constatant :

Que ledit sieur (9) jouit de ses droits civils ;

Qu'il n'a jamais été condamné à une peine correctionnelle pour vòl, escroquerie, abus de confiance ou attentat aux mœurs ;

(D) Si l'engagé a moins de vingt ans, on indiquera sous ce numéro le consentement qu'il est tenu de produire, conformément à la loi.

(E) On indiquera sous ce numéro les autres pièces que l'engagé qui aura déjà servi devra produire.

(13) Nom et prénoms de l'engagé.

4° (D)

5° (E)

Nous, maire du chef-lieu de canton d après avoir reconnu la régularité des pièces produites par le sieur (13) lui avons donné lecture :

1° Des articles 7, 46, 47 et 50 de la loi du 27 juillet 1872 ;

2° Des articles 13 et 14 du décret du 30 novembre 1872, lesquels ordonnent de poursuivre comme insoumis les engagés volontaires qui ne se rendent pas à leur destination dans les délais prescrits ;

3° De l'article 3 du même décret, d'après lequel les engagés volontaires peuvent toujours être changés de corps et d'arme lorsque l'intérêt et les besoins du service l'exigent.

(F) Si l'engagé ou les témoins ne peuvent signer, il sera fait mention de la cause qui les en empêchera, conformément à l'article 39 du Code civil. Cette disposition ne sera appliquée pour l'engagé que jusqu'au 1ᵉʳ janvier 1875, époque à laquelle il devra savoir lire et écrire.

Après quoi nous avons reçu l'engagement du sieur (13)   lequel a promis de servir avec fidélité et honneur pendant cinq ans à partir de ce jour.

Lecture faite audit sieur (13) et aux deux témoins ci-dessus dénommés du présent acte, ils ont signé avec nous (F)

Modèle N° 3.

Art. 17 du décret
du 30 novembre 1872.

ACTE D'ENGAGEMENT

POUR LA DURÉE DE LA GUERRE.

L'an mil huit cent   le   à

(1) Maire ou adjoint.   heures, s'est présenté devant nous (1) de la commune d   chef-lieu de canton du département d

(2) Nom et prénoms.   Le sieur (2)

âgé de   exerçant la profession

(A) Si l'engagé a déjà servi, spécifier, d'après sa déclaration (à la suite de l'indication de sa profession), en quelle qualité et dans quel corps.

d (A)   domicilié à

canton d

département d   résidant

à   canton d

département d   fils d

et d

domiciliés à   canton d

département d   cheveux

sourcils   front   yeux

nez   bouche   menton

(3) Indiquer ici les marques particulières.   visage (3)   taille d'un mètre

centimètres.

(4) Nom et prénoms du premier témoin.

Lequel, assisté du sieur (4)
âgé de   exerçant la profession
d   domicilié à
canton d   département
d

(5) Nom et prénoms du deuxième témoin.

Et du sieur (5)   âgé de
exerçant la profession d
domicilié à   canton d
département d   appelés
l'un et l'autre comme témoins, conformément
à la loi ;

A déclaré vouloir s'engager pour servir dans

(6) Indication du corps choisi par l'engagé.

(7) Nom et prénoms de l'engagé.

l (6)
A cet effet, ledit sieur (7)
nous a présenté :

1° Un certificat délivré sous la date du

(8) Nom, grade et corps de l'officier signataire du certificat.

(9) Nom de l'engagé.

(10) Désignation du corps.

par (8)   et constatant que
ledit sieur (9)   n'est atteint
d'aucune infirmité ; qu'il a la taille et les autres
qualités requises pour l (10)
dans lequel il demande à entrer ;

(B) Si ce n'est pas un acte de naissance que l'engagé produit, on énoncera le titre qu'il présentera, conformément à l'art. 46 du Code civil.

(11) Indication du jour, du mois et de l'année de la naissance (en toutes lettres).

(12) Indiquer la commune.

(13) Nom de l'engagé.

2° Son acte de naissance (B)
constatant qu'il est né le (11)
       à   canton d
département d

3° Un certificat, délivré sous la date du
       par le maire d (12)
et constatant :

Que ledit sieur (13)   n'a
jamais été condamné à une peine afflictive ou
infamante ;

Qu'il n'a jamais été condamné à une peine
correctionnelle de deux ans d'emprisonnement
et au dessus, et, en outre, placé par le jugement
de condamnation sous la surveillance de la
haute police, et interdit en tout ou en partie
des droits civiques, civils ou de famille ;

(c) Si l'engagé a moins de vingt ans, on indiquera sous ce numéro le consentement qu'il est tenu de produire, conformément à la loi.

4º (C)

(D) On indiquera sous ce numéro les autres pièces que l'engagé qui aura déjà servi devra produire, conformément à l'article 17 du décret du 30 novembre 1872 sur les engagements.

5º (D)

(14) Nom et prénoms de l'engagé.

Nous, maire du chef-lieu du canton d

après avoir reconnu la régularité des pièces produites par le sieur (14)

lui avons donné lecture :

1º Des articles 7, 47 et 50 de la loi du 27 juillet 1872 ;

2º Des articles 3 et 17 du décret du 30 novembre 1872 ;

3º Des articles 13 et 14 du même décret, lesquels ordonnent de poursuivre comme insoumis les engagés volontaires qui ne se rendent pas à leur destination dans les délais prescrits.

Après quoi nous avons reçu l'engagement du sieur (14), lequel a promis de servir avec fidélité et honneur.

(E) Si l'engagé ou les témoins ne peuvent signer, il sera fait mention de la cause qui les en empêchera, conformément à l'article 39 du Code civil.

Lecture faite audit sieur (14)

et aux deux témoins ci-dessus dénommés du présent acte, ils ont signé avec nous (E).

DÉPARTEMENT
d

CANTON
d

COMMUNE
d

MODÈLE Nº 7.

Instruction
du 30 novembre 1872.

Dans le cas où le maire de la commune ne connaîtrait pas l'individu qui ferait la demande de ce certificat, il devra en constater légalement l'identité et recueillir les preuves et témoignages qu'il jugera convenables pour arriver à la connaissance de la vérité.

(1) Nom et prénoms de l'homme qui se présente.

CERTIFICAT

délivré, conformément à l'article 46 de la loi du 27 juillet 1872, au sieur (1) qui a déclaré vouloir servir dans les armées comme engagé volontaire.

Nous soussigné, maire de la commune d

canton d   département

d

Attestons :

1° Que le sieur (1)

fils d et d

domiciliés à canton d

département d né le

à canton d

département d (*ainsi qu'il résulte de son acte de naissance dûment légalisé*), cheveux sourcils

yeux front nez

bouche menton visage

teint (2) taille d'un mètre

centimètres, est (*ou a été*) domicilié dans la commune d depuis le (3)

mil huit cent

jusqu'au (3) mil huit cent

2° Qu'il jouit de ses droits civils ;

3° Qu'il n'a jamais été condamné à une peine correctionnelle pour vol, escroquerie, abus de confiance ou attentat aux mœurs.

En foi de quoi nous lui avons délivré le présent certificat.

Fait à le 18 .

(*Signature du maire.*)

Vu pour légalisation :

Le Préfet du département d

(1) Nom et prénoms de l'homme qui se présente.

(2) Indiquer ici les marques particulières.

(3) Mettre la date et le millésime en toutes lettres.

Nota.— Si l'engagement est contracté dans le département où l'engagé volontaire est domicilié, la légalisation des signatures du maire et du sous-préfet n'est point indispensable.

DÉPARTEMENT
d

CANTON
d

COMMUNE
d

MODÈLE N° 8.

Instruction
du 30 novembre 1872.

CERTIFICAT

(1) Nom et prénoms.

(2) Militaire de la réserve ou militaire en disponibilité.

délivré au sieur (1)   (2)

qui a déclaré vouloir contracter un rengagement.

Nous soussigné, maire de la commune d
          canton d   département
d

Attestons que le sieur (1)
fils d   et d
domiciliés à   canton d
département d   né le
à   canton d
département d   cheveux et
sourcils   yeux   front
nez   bouche   menton
visage   teint   taille d'un
mètre   centimètres, est *(ou a été)* domicilié

(3) Mettre la date et le millésime en toutes lettres.

dans la commune d   depuis le (3)
          jusqu'au (3)

Que pendant ce laps de temps il a tenu une bonne conduite et n'a point été condamné à une peine correctionnelle pour vol, escroquerie, abus de confiance ou attentat aux mœurs.

En foi de quoi nous avons délivré le présent certificat.

Fait à   le   18   .

(Signature du maire.)

Vu pour légalisation :

Le Préfet du département d

ENGAGEMENTS D'UN AN

Loi du 27 juillet 1872

(Articles 53, 54, 55, 56, 57 et 58).

Des engagements conditionnels d'un an.

ART. 53. — Les jeunes gens qui ont obtenu des diplômes de bachelier ès lettres, de bachelier ès sciences, des diplômes de fin d'études, ou des brevets de capacité institués par les articles 4 et 6 de la loi du 21 juin 1865 ; ceux qui font partie de l'École centrale des arts et manufactures, des écoles nationales des arts et métiers, des écoles nationales des beaux-arts, du Conservatoire de musique ; les élèves des écoles nationales vétérinaires et des écoles nationales d'agriculture ; les élèves externes de l'École des mines, de l'École des ponts et chaussées, de l'École du génie maritime, et les élèves de l'École des mineurs de Saint-Étienne, sont admis, avant le tirage au sort, lorsqu'ils présentent les certificats d'études émanés des autorités désignées par un règlement inséré au *Bulletin des lois*, à contracter dans l'armée de terre des engagements conditionnels d'un an, selon le mode déterminé par ledit règlement.

ART. 54. — Indépendamment des jeunes gens indiqués en l'article précédent, sont admis, aux mêmes époques, à contracter un semblable engagement, ceux qui satisfont à un des examens exigés par les différents programmes préparés par le Ministre de la guerre et approuvés par décrets rendus dans la forme des règlements d'administration publique.

Ces décrets seront insérés au *Bulletin des lois*.

Le Ministre de la guerre fixe chaque année le nombre des engagements conditionnels d'un an spécifiés au présent article. Ce nombre est réparti par régions déterminées, conformément à l'article 36 ci-dessus, et proportionnellement au nombre des jeunes gens inscrits sur les tableaux de recensement de l'année précédente.

Si, au moment où les jeunes gens mentionnés au présent article et à l'article précédent se présentent pour contracter un engagement d'un an, ils ne sont pas reconnus propres au service, ils sont ajournés, et ne peuvent être incorporés que lorsqu'ils remplissent toutes les conditions voulues.

ART. 55. — L'engagé volontaire d'un an est habillé, monté, équipé et entretenu à ses frais.

Toutefois, le Ministre de la guerre peut exempter de tout ou partie des obligations déterminées au paragraphe précédent les jeunes gens qui ont donné dans leur examen des preuves de capacité, et qui justifient, dans les formes prescrites par les règlements, être dans l'impossibilité de subvenir aux frais résultant de ces obligations.

ART. 56. — L'engagé volontaire d'un an est incorporé et soumis à toutes les obligations de service imposées aux hommes présents sous les drapeaux.

Il est astreint aux examens prescrits par le Ministre de la guerre.

Si, après un an de service, l'engagé volontaire d'un an ne satisfait pas à ces examens, il est obligé de rester une seconde année au service, aux conditions déterminées par le règlement prévu par l'article 53.

Si, après cette seconde année, l'engagé volontaire ne satisfait pas à cet examen, il est, par décision du Ministre de la guerre, déclaré déchu des avantages réservés aux volontaires d'un an, et il reste soumis aux mêmes obligations que celles imposées aux hommes de la première partie de la classe à laquelle il appartient par son engagement.

Il en est de même pour le volontaire qui, pendant la première ou la seconde année, a commis des fautes graves et répétées contre la discipline.

Dans tous les cas, le temps passé dans le volontariat

compte en déduction de la durée du service prescrite par l'article 36 de la présente loi.

En temps de guerre, l'engagé volontaire d'un an est maintenu au service.

En cas de mobilisation, l'engagé volontaire d'un an marche avec la première partie de la classe à laquelle il appartient par son engagement.

ART. 57. — Dans l'année qui précède l'appel de leur classe, les jeunes gens mentionnés dans l'article 53 qui n'auraient pas terminé les études de la Faculté ou des Écoles auxquelles ils appartiennent, mais qui voudraient les achever dans un laps de temps déterminé, peuvent, tout en contractant l'engagement d'un an, obtenir de l'autorité militaire un sursis avant de se rendre au corps pour lequel ils se sont engagés. Le sursis ne peut leur être accordé que jusqu'à l'âge de 24 ans accomplis.

ART. 58. — Après que les engagés volontaires d'un an ont satisfait à tous les examens exigés par l'article 56, ils peuvent obtenir des brevets de sous-officier ou des commissions au moins équivalentes.

Les lois spéciales prévues par l'article 45 déterminent l'emploi de ces jeunes gens soit dans l'armée active, soit dans la disponibilité, soit dans la réserve de l'armée active, soit dans l'armée territoriale, ou dans les différents services auxquels leurs études les ont plus spécialement destinés.

DÉCRET

Du 31 octobre 1872, concernant les engagements conditionnels d'un an.

Le Président de la République française,

Vu la loi du 27 juillet 1872 sur le recrutement de l'armée ;

Vu l'art. 54 relatif aux examens auxquels sont astreints les jeunes gens qui demandent à contracter un engagement conditionnel d'un an et qui ne se trouvent point dans l'un des cas définis à l'art. 53 ;

Sur le rapport du Ministre de la guerre,

Le conseil d'État entendu,

DÉCRÈTE :

ARTICLE PREMIER.

Les jeunes gens qui demandent à contracter un engagement conditionnel d'un an, en vertu de l'art. 54 de la loi du 27 juillet 1872, subissent deux épreuves successives devant des examinateurs nommés par le Ministre de la guerre, et choisis parmi des agriculteurs, industriels et commerçants ou des citoyens ayant exercé l'une de ces professions.

ART. 2.

La première épreuve consiste en une dictée écrite en français.

Art. 3.

La seconde épreuve est un examen oral public.

Les candidats sont rangés à l'avance en trois séries correspondant respectivement à l'agriculture, au commerce, à l'industrie. Chacune de ces séries passe devant un examinateur différent.

Cet examen se compose de deux parties :

La première roule sur les matières composant l'enseignement que le candidat a dû recevoir à l'école primaire.

La seconde partie porte spécialement sur les notions élémentaires et pratiques relatives à l'exercice même de ladite profession, suivant les indications du programme ci-annexé.

Art. 4.

Après l'achèvement des examens oraux, les examinateurs des trois séries se réunissent sous la présidence du général commandant le département, ou d'un officier supérieur délégué par ce conseil, ou, à son défaut, par la commission permanente, et constituent ainsi une commission qui arrête la liste générale des candidats admissibles.

Art. 5.

Le Ministre de la guerre est chargé de l'exécution du présent décret, qui sera publié au *Journal officiel* et inséré au *Bulletin des lois*.

Fait à Versailles, le 31 octobre 1872.

A. THIERS.

Par le Président de la République,

Général E. DE CISSEY.

4

Programmes des examens professionnels auxquels sont astreints les jeunes gens qui demandent à contracter les engagements.

(Annexe du décret du 31 octobre 1872.)

Chaque candidat sera interrogé sommairement, selon sa profession et sa spécialité, d'après les indications générales qui suivent :

AGRICULTURE.

Natures diverses des terrains au point de vue de la culture. — Engrais et amendements. — Climats, saisons, leurs rapports avec la culture. — Moyens d'utiliser les eaux ou de s'en préserver. — Instruments et machines agricoles. — Méthodes et procédés de culture. — Conservation des récoltes. — Bestiaux et animaux domestiques. — Comptabilité agricole. — Débouchés des principaux produits agricoles de la région.

COMMERCE.

Marchandises qui font l'objet de la spécialité du candidat ; leur provenance, leur emploi et leur prix de revient.

Comptabilité et tenue de livres. — Dénomination des livres de commerce. — Principales opérations de commerce ou de banque. — Formules usuelles du billet à ordre, de la lettre de change, du mandat, du chèque, etc. — Signification des principaux termes de commerce ou de banque.

INDUSTRIE.

Caractères et propriétés des matières premières ou matériaux. — Leur extraction, leur préparation, leur transformation ou leur emploi. — Moteurs, machines, instruments, outils dont le candidat fait habituellement usage. — Procédés au moyen desquels il obtient les produits de son industrie spéciale. — Nature de ces produits.

DÉCRET

Du 1er décembre 1872, sur les engagements conditionnels d'un an.

Le Président de la République française,

Vu la loi du 27 juillet 1872 sur le recrutement de l'armée ;

Vu les art. 53, 54, 55, 56 et 57 de la même loi relatifs aux engagements conditionnels d'un an ;

Vu le décret du 31 octobre 1872 portant règlement d'administration publique sur les examens auxquels sont astreints les jeunes gens qui demandent à contracter l'engagement conditionnel d'un an ;

Vu le décret du 30 novembre 1872 sur les engagements volontaires et les rengagements ;

Sur le rapport du Ministre de la guerre,

DÉCRÈTE :

ARTICLE PREMIER.

Tout Français qui veut contracter un engagement conditionnel d'un an pour servir dans l'armée de terre doit :

1º Réunir les conditions indiquées par les paragraphes numérotés 2º, 4º, 5º et 6º de l'article 46 de la loi du 27 juillet 1872 ;

2º Être sain, robuste et bien constitué ;

3º N'avoir pas concouru au tirage au sort ;

4º N'être pas lié au service dans les armées de terre ou de mer ;

5º Avoir, selon le corps où il servira, la taille fixée

dans le tableau n° 1 joint au présent décret et réunir les conditions d'aptitude énoncées dans ledit tableau;

6° Se trouver dans l'un des cas mentionnés par l'article 53 de la loi du 27 juillet 1872 ou avoir satisfait aux examens prévus par l'article 54;

7° Avoir rempli les obligations résultant du premier alinéa de l'article 55.

ART. 2.

Les jeunes gens qui se trouvent dans l'un des cas mentionnés par l'article 53 de la loi en justifieront par la production de l'une des pièces indiquées ci-après :

Jeunes gens ayant obtenu des diplômes :
De bachelier ès lettres,
De bachelier ès sciences,
De fin d'études (art. 4 de la loi du 21 juin 1865) ;
Ou des brevets de capacité (art. 6 de la loi du 21 juin 1865).

Certificat délivré par le recteur de l'Académie constatant qu'ils ont obtenu l'un des diplômes mentionnés ci-contre ou le brevet de capacité.

Jeunes gens faisant partie :
Des écoles centrales des arts et manufactures,
Des écoles nationales des beaux-arts.

Certificat délivré par le directeur de ces établissements, constatant qu'ils en font partie et indiquant la date de leur admission.

Jeunes gens des écoles nationales des arts et métiers.

Certificat délivré par le directeur de l'école constatant qu'ils en font partie ou qu'ils ont obtenu à leur sortie le certificat réglementaire.

Jeunes gens du Conservatoire de musique et de ses succursales.

Certificat délivré par le directeur de l'établissement constatant qu'ils en font partie, ou, s'ils en sont sortis, qu'ils y ont obtenu des récompenses.

Elèves :
Des écoles nationales vétérinaires,
Des écoles nationales d'agriculture,
De l'école des mineurs de Saint-Étienne.

Certificat délivré par le directeur de ces écoles attestant leur présence comme élèves dans lesdites écoles.

Élèves externes :
De l'école des mines,
De l'école des ponts et chaussées.
De l'école du génie maritime.

Certificat délivré par le directeur de ces écoles, attestant qu'ils en sont élèves externes et qu'ils en suivent régulièrement les cours.

ART. 3.

Les examens prescrits par l'article 54 de la loi du 27 juillet 1872 portent sur le programme approuvé par le règlement d'administration publique du 31 octobre 1872 (1).

ART. 4.

Les jeunes gens versent, en exécution de l'article 55 de la loi du 27 juillet 1872, avant de contracter l'engagement conditionnel d'un an, une somme qui est fixée par le Ministre (2).

Les versements sont reçus :

Dans le département de la Seine, à la direction générale de la Caisse des dépôts et consignations; dans les autres départements, chez les préposés de cette caisse (trésoriers-payeurs généraux et receveurs particuliers des finances).

---

(1) Voir le programme, page 50.
(2) Le Ministre de la guerre, par un arrêté du 7 décembre 1872, a fixé le versement à effectuer par les jeunes gens susceptibles d'être admis à contracter des engagements conditionnels d'un an pour 1872, 1873, à quinze cents francs.

Art. 5.

Ces versements donnent lieu, de la part des préposés de la Caisse des dépôts et consignations, à l'établissement :

1° De récépissés ;

2° De déclarations de versement,

A la charge, par les parties versantes, de soumettre ces deux pièces, pour le département de la Seine, immédiatement au visa du contrôle placé près de la Caisse des dépôts et consignations, et, pour les autres départements, dans les vingt-quatre heures de leur date, au visa du Préfet.

Les récépissés de versement des engagés conditionnels qui ont été définitivement incorporés sont adressés au Ministre de la guerre.

Art. 6.

Les sommes versées par les engagés ne sont plus remboursées dès que l'incorporation de ces engagés est devenue définitive.

Art. 7.

Les jeunes gens retenus sous les drapeaux en exécution du troisième alinéa de l'article 56 de la loi du 27 juillet 1872 ne sont pas tenus à un nouveau versement.

Art. 8.

Les préfets prennent l'avis des conseils municipaux sur les demandes que peuvent former les jeunes gens indiqués à l'article 54 de la loi du 27 juillet 1872, pour être exemptés de tout ou partie des obligations déterminées au premier paragraphe de l'article 55.

Ils soumettent ces demandes à la commission permanente du conseil général, instituée par la loi du 10 août 1871.

ART. 9.

Les engagements d'un an sont contractés au chef-lieu de département devant l'officier de l'état civil.

La décision du Ministre, qui fixe le nombre des engagés d'un an admis en vertu de l'article 54 de la loi du 27 juillet 1872, détermine, pour chaque département, les corps dans lesquels les engagés d'un an des diverses catégories seront reçus et le nombre d'hommes qui pourront être dirigés sur chaque corps.

ART. 10.

L'acte d'engagement est conforme au modèle annexé au présent décret.

ART. 11.

Avant la signature de l'acte, le maire donne lecture à l'engagé :

1º De l'article premier du présent décret ;

2º Des articles 7 et 56 de la loi du 27 juillet 1872 ;

3º Des articles 13 et 14 du décret du 30 novembre 1872 sur les engagements volontaires et les rengagements ;

4º Du dernier paragraphe de l'article 3 dudit décret ;

5º De l'acte d'engagement.

Les certificats et autres pièces produites par l'engagé resteront annexés à la minute de l'acte.

ART. 12.

Les jeunes gens qui, par suite d'inaptitude au service militaire, n'ont pu, dans l'année qui précède le tirage au sort de leur classe, contracter l'engagement conditionnel d'un an, sont susceptibles, s'ils sont déclarés aptes au service par le conseil de révision, d'être admis aux mêmes avantages que les engagés conditionnels d'un an.

Art. 13.

Les engagés conditionnels d'un an mentionnés à l'article 53 de la loi, qui ont obtenu l'autorisation de poursuivre les études de la faculté ou des écoles auxquelles ils appartiennent, sont disponibles en cas de guerre.

Art. 14.

Les engagés conditionnels d'un an sont mis en route à la date fixée par le ministre.

Le temps qu'ils doivent passer dans le service actif ne court qu'à partir de cette date.

Ceux qui ne se rendent pas à leurs corps dans les délais prescrits seront poursuivis pour insoumission, et, en cas de condamnation, déchus des avantages réservés aux volontaires d'un an.

Art. 15.

Lorsque les engagés conditionnels d'un an ont accompli leur temps de service, ils sont envoyés en disponibilité dans leurs foyers.

Art. 16.

Les engagés conditionnels d'un an ne confèrent à leurs frères que la dispense prévue par le paragraphe numéroté 5° de l'article 17 de la loi du 27 juillet 1872.

Art. 17.

Le Ministre de la guerre est chargé de l'exécution du présent décret, qui sera inséré au *Bulletin des lois*.

Fait à Versailles, le 1ᵉʳ décembre 1872.

Signé : A. THIERS.

Par le Président de la République :

Le Ministre de la guerre,

Signé : Général E. DE CISSEY.

Instruction explicative des diverses dispositions du décret du 1er décembre 1872 sur les engagements conditionnels d'un an.

Circulaire du Ministre de la guerre du 1er décembre 1872.

ARTICLE PREMIER DU DÉCRET.

Conditions de l'engagement d'un an.

L'art. 1er du décret détermine les conditions exigées pour pouvoir contracter un engagement conditionnel d'un an.

Cet engagement est soumis aux conditions générales d'âge, d'aptitude physique et de moralité exigées pour les engagements volontaires de cinq ans ; toutefois :

1° Il ne peut être reçu que pour l'armée de terre, suivant les conditions de taille et d'aptitude déterminées au tableau (modèle n° 1) joint au décret du 1er décembre 1872 ;

2° Il doit toujours être souscrit avant l'époque à laquelle les jeunes gens tirent au sort ;

3° Il ne peut être contracté que :

Par un jeune homme porteur d'un des titres universitaires ou de l'un des certificats d'études mentionnés dans l'art. 2 du décret précité,

Ou par un jeune homme qui a fait preuve de connaissances générales et professionnelles dans l'examen dont le programme a été déterminé par le décret du 31 octobre 1872 ;

4° Il doit être précédé, si le contractant n'en a pas été exempté, du versement d'une prestation déterminée par le Ministre de la guerre.

Fils d'étrangers.

Les Français sont seuls admis à contracter l'engagement conditionnel d'un an ; il s'ensuit que les individus nés en France de parents étrangers ne peuvent être admis à l'engagement d'un an qu'après avoir réclamé la qualité de Français, conformément à l'art. 9 du Code civil. L'engagement doit, bien entendu, être contracté avant le tirage au sort.

Il en est de même de ceux que concerne l'art. 2 de la loi du 7 février 1851.

Quant aux individus nés en France d'un étranger qui lui-même y est né, ils sont, il est vrai, Français aux termes de l'art. 1er de la même loi ; mais, comme ils peuvent répudier cette qualité dans l'année qui suit leur majorité, ils doivent, s'ils veulent être admis à l'engagement d'un an, renoncer par avance, dès qu'ils ont atteint leur majorité, à la faculté de réclamer leur qualité d'étranger.

Cette renonciation se fait dans les mêmes formes que la déclaration prescrite par l'art. 1er de la loi précitée du 7 février 1851.

Omis sur les tableaux de recensement.

Le jeune homme qui n'a pas été inscrit sur les tableaux de recensement de la classe à laquelle il appartient par son âge ne pourra pas contracter l'engagement conditionnel d'un an après l'époque où il aurait dû tirer au sort.

ART. 2 DU DÉCRET.

Baccalauréat ès sciences restreint, et certificat de capacité en droit.

En présence des termes formels de la loi, il n'est possible d'admettre de droit au bénéfice du volontariat d'un an que les jeunes gens porteurs des titres indiqués à l'art. 2 du décret. C'est ainsi que le baccalauréat ès sciences restreint et le certificat de capacité en droit ne sauraient être considérés comme l'équivalent des titres dont il s'agit, et dispenser les jeunes gens de l'examen (1).

Diplômes de fin d'études et brevets de capacité.

Les diplômes de fin d'études et les brevets de capacité mentionnés dans le présent décret sont des titres spéciaux à l'enseignement professionnel. Ils ont été institués par les art. 4 et 6 de la loi du 21 juin 1865 (2).

Écoles nationales des arts et métiers.

Les écoles nationales des arts et métiers dont il est question à l'art. 2 du décret sont celles d'Aix, d'Angers et de Châlons.

Écoles des beaux-arts.

Les écoles nationales des beaux-arts sont celles de Paris, de Dijon et de Lyon.

Conservatoire de musique.

Le Conservatoire de musique comprend celui de Paris et ses succursales, qui existent à Lille, à Toulouse, à Dijon et à Nantes.

---

(1) Voir ce décret, page 51.
(2) Loi du 21 juin 1865, portant organisation de l'enseignement secondaire spécial.
Art. 4. A la fin des cours, les élèves sont admis à subir, devant un jury dont les membres sont nommés par le Ministre de l'instruction publique, un examen à la suite duquel ils obtiennent, s'il y a lieu, un diplôme. Les élèves de l'enseignement libre peuvent se présenter devant le jury et obtenir le même diplôme.
Art. 6. Le diplôme de bachelier peut être suppléé, pour l'ouverture d'un établissement libre d'enseignement secondaire spécial, par un brevet de capacité, à la suite d'un examen dont les programmes sont réglés par les arrêtés délibérés en conseil de l'instruction publique. Nul n'est admis à subir cet examen avant l'âge de dix-huit ans. La condition de stage prescrite par l'art. 60 de la loi du 15 mars 1850 n'est pas exigible.

Écoles nationales vétérinaires.

Les écoles nationales ·vétérinaires sont celles d'Alfort près Paris, de Lyon et de Toulouse.

Écoles d'agriculture.

Les écoles nationales d'agriculture sont celles de Grignon (Seine-et-Oise), de Grandjouan (Loire-Inférieure) et de Montpellier (Hérault).

ART. 3 DU DÉCRET.

Aptitude au service militaire constatée avant les examens.

Les jeunes gens qui demandent à se présenter aux examens prévus par l'art. 54 de la loi du 27 juillet 1872 font constater leur aptitude au service militaire dans le département où ils veulent s'engager :

En France, par le commandant du dépôt de recrutement ;

En Algérie, par le fonctionnaire de l'intendance militaire chargé du service du recrutement.

Examen prévu par l'art. 54 de la loi.

En attendant la détermination des régions prévues par les art. 36 et 54 de la loi du 27 juillet 1872, le département forme une circonscription d'examen.

Demandes d'admission.

Les jeunes gens mentionnés à l'art. 54 de la loi du 27 juillet 1872 adressent une demande d'admission à l'examen au préfet du département dans lequel ils veulent s'engager.

Pièces jointes à ces demandes.

Leur demande doit parvenir dix jours au moins avant l'époque fixée pour l'ouverture de l'examen. Elle est faite *sur papier timbré* et accompagnée :

1° De leur acte de naissance ;

2° Du certificat d'acceptation (modèle n° 3) délivré par le commandant du dépôt de recrutement ;

3° Et, s'ils ont moins de vingt ans, du consentement de leur père, mère ou tuteur ; ce dernier dûment autorisé par une délibération du conseil de famille.

Ces trois pièces sont affranchies du droit de timbre.

Le certificat de bonnes vie et mœurs, prescrit par l'article 46 de la loi, n'est établi et présenté qu'au moment où a lieu l'engagement.

Demande écrite et signée par le candidat.

La demande est écrite et signée par le candidat ; elle mentionne ses nom et prénoms, sa profession, le lieu de son domicile légal et celui de sa résidence.

Choix de la série.

Elle indique, par la mention *agriculture*, *commerce* ou *industrie*, dans quelle série le candidat désire être classé pour son examen.

Les jeunes gens dont les connaissances professionnelles ne rentreraient pas exactement dans l'une des séries, par exemple ceux qui appartiennent aux administrations publiques (*ponts et chaussées, finances, préfecture, mairies*, etc.), ceux qui se destinent aux fonctions de notaire, d'avoué, d'huissier, etc., font choix de la série dont leur profession ou leurs fonctions se rapprochent le plus.

Publication des noms des jeunes gens appelés à subir l'examen.

Cinq jours avant l'époque fixée pour l'ouverture des examens, le préfet fait connaître, par les moyens de publicité dont il dispose, la liste des jeunes gens appelés à subir ces examens.

Cette liste est divisée en trois séries : *agriculture*, *commerce* et *industrie*.

Ceux qui y auront été omis se mettront immédiatement en instance auprès du préfet pour réclamer leur inscription.

Jour, heure et lieu des examens.

Le préfet fait connaître, après s'être entendu avec le président de la commission indiquée ci-dessus, le jour, l'heure et le lieu où les jeunes gens doivent se présenter pour subir les deux épreuves mentionnées à l'art. 1er du décret du 31 octobre 1872.

Première épreuve.

La première épreuve est une dictée française.

Le texte est choisi et dicté aux candidats par un des examinateurs.

Un certain nombre de sous-officiers pris dans les corps à proximité est mis à la disposition des examinateurs pour surveiller les jeunes gens.

Toute fraude entraîne l'exclusion immédiate du candidat.

Les examinateurs se partagent les copies des candidats, les corrigent et les remettent ensuite avec leurs notes au général ou à l'officier supérieur, président de la commission.

Deuxième épreuve.

La deuxième épreuve est un examen oral.

Cette épreuve est publique.

Les examens oraux peuvent être passés, quand le nombre des candidats le rend nécessaire, dans un local différent pour chaque série (*agriculture*, *industrie* ou *commerce*).

Les jeunes gens se présentent devant l'examinateur de la série à laquelle ils appartiennent, suivant l'ordre dans lequel ils sont inscrits sur la liste d'admission à l'examen.

Les jeunes gens répondent à deux questions : la première, sur les matières obligatoires (1) composant l'enseignement qu'ils ont dû recevoir à l'école primaire ; la deuxième, sur les notions élémentaires et pratiques relatives à l'exercice de leur profession (2).

L'examinateur proportionne les questions d'instruction générale au degré d'instruction que les candidats ont pu acquérir dans l'école primaire locale.

Professions en dehors de l'une des séries.

Les jeunes gens dont il a été question au deuxième alinéa du paragraphe (choix de la série) sont interrogés sur les matières concernant leur profession ou leurs fonctions.

Notes sur les candidats.

L'examinateur prend sur les réponses de chaque candidat des notes d'après lesquelles s'opérera le classement général à la fin des épreuves.

Baccalauréat ès sciences restreint, capacité en droit, etc.

Il est tenu compte, pour le classement, du degré d'instruction que représentent leurs titres, aux jeunes gens qui ont satisfait à un programme d'examen supérieur à celui de l'engagement conditionnel d'un an (*baccalauréat ès sciences restreint, certificat de capacité en droit*, etc., etc.).

Classement des candidats.

Après que les examens sont terminés, les examinateurs des trois séries se réunissent sous la présidence du général ou d'un officier supérieur délégué, auquel est adjoint un

---

(1) *Matières obligatoires.*—Lecture, écriture, éléments de la langue française, calcul et système légal des poids et mesures, éléments de l'histoire et de la géographie de la France.

(2) Voir le programme des examens professionnels (annexe du décret du 31 octobre 1872), page 50.

membre du conseil général désigné par ce conseil, ou, à son défaut, par la commission permanente.

Liste des admis. Fraudes.

La commission ainsi composée arrête, à l'aide des notes données par chaque examinateur, une liste générale de classement.

Elle adresse au préfet les noms des jeunes gens admis à contracter l'engagement, tant en raison de leur classement que du chiffre des engagements fixé par le Ministre de la guerre, conformément à l'art. 54 de la loi.

Elle indique pour chaque candidat la mention avec laquelle il a été reçu (*très-bien, bien, assez bien* ou *passable*).

Elle signale au préfet, pour être déférées aux tribunaux, les fraudes qui tombent sous l'application du Code pénal.

Publication de la liste.

Le préfet publie la liste des jeunes gens de son département admis à contracter l'engagement conditionnel d'un an, avec la note qu'ils ont obtenue.

Certificat d'admission.

Il délivre à chacun d'eux un certificat d'admission conforme au modèle n° 5 joint à la présente instruction.

Bulletin indicatif de la somme à verser.

Il leur remet en même temps un bulletin indiquant la somme que les jeunes gens devront verser entre les mains du préposé de la Caisse des dépôts et consignations, conformément à l'art. 4 du décret.

Il rend aux intéressés, admis ou non, les diverses pièces qui accompagnaient leurs demandes d'examen,

ART. 4 DU DÉCRET.

Prestations des engagés d'un an.

La somme à verser en exécution de l'art. 55 de la loi du 27 juillet 1872 est la même pour tous les engagés d'un an.

Les versements sont faits entre les mains des préposés de la Caisse des dépôts et consignations, sur la production du bulletin mentionné ci-dessus.

Jeunes gens dans les conditions de l'art. 53 de la loi.

Les jeunes gens qui sont dans l'un des cas prévus par l'art. 53 de la loi du 27 juillet 1872 obtiennent du Préfet le bulletin indicatif du versement, sur le vu :

1º Du certificat d'acceptation délivré ainsi qu'il a été dit page 60, sous le titre : Aptitude au service militaire ;

2º De l'un des certificats énumérés dans l'art. 2 du décret ;

3º Du consentement de leur père, mère ou tuteur.

Délai pour le versement.

Les versements sont effectués dans le délai fixé annuellement par le Ministre.

ART. 5 DU DÉCRET.

Pièces remises au moment du versement.

Le préposé de la Caisse des dépôts et consignations délivre à la partie versante :

1º Un récépissé ;

2º Une déclaration de versement.

Visa.

Ces deux pièces doivent être soumises au visa prescrit par l'art. 5 du décret.

5

Déclarations de versement.

Après le visa, les déclarations de versement sont seules remises aux intéressés.

Récépissés.

Dans les départements autres que celui de la Seine, les récépissés restent entre les mains des Préfets, qui les inscrivent nominativement sur un carnet.

Lorsque les engagés conditionnels d'un an sont incorporés, avis nominatif de leur incorporation est donné, par les soins du commandant du dépôt de recrutement, au Préfet, qui mentionne la mutation sur le carnet précité, et qui adresse au Ministre de la guerre (*Bureau des fonds et ordonnance*) les récépissés des sommes versées.

Cet envoi est fait dans les quarante jours qui suivent l'époque de la mise en route des engagés.

ART. 6 DU DÉCRET.

Jeunes gens décédés, réformés ou placés en disponibilité avant leur incorporation définitive.

Il résulte des termes de l'art. 6 du décret que le remboursement des sommes versées peut être réclamé si l'engagé meurt ou s'il est réformé, ou s'il est placé en disponibilité par application de l'art. 17 de la loi ; mais le décès, la réforme ou la mise en disponibilité doivent précéder l'incorporation définitive, *qui a lieu seulement après la visite à laquelle l'homme est soumis à son arrivée au corps.*

Jeunes gens qui ne sont pas engagés.

Il y a lieu, en outre, de rembourser les sommes versées, quand l'engagement n'a pas été contracté.

Demandes de remboursement.

Les remboursements sont effectués par les préposés de la Caisse des dépôts et consignations sur la demande des parties versantes ou des ayants-droit adressée au Directeur général de cette caisse.

Les pièces justificatives à joindre à la demande de remboursement sont :

1° Dans tous les cas, le récépissé de versement ;

2° Quand l'engagement a eu lieu :

En cas de décès :

L'acte de décès de l'engagé et le certificat de propriété établi dans les formes prescrites par la loi du 28 floréal an VII ;

Dans les autres cas :

Le titre de réforme ou d'envoi dans la disponibilité de l'engagé, ou une copie certifiée conforme de ces titres.

Pour obtenir du Préfet la remise du récépissé, le réclamant présente :

1° Si l'engagement n'a pas eu lieu, la déclaration de versement qui est restée entre ses mains ;

2° Si l'engagement a été contracté, les pièces qui doivent être jointes, dans ce cas, à sa demande de remboursement.

Le Préfet ne se dessaisit du récépissé qu'après s'être assuré des droits du réclamant et avoir inscrit sur ce récépissé et sur le carnet le motif pour lequel le remboursement est demandé.

ART. 7 DU DÉCRET.

Engagés retenus sous les drapeaux.

L'art. 56 de la loi oblige les engagés qui, après un an de service, n'ont pas satisfait aux examens prescrits par ledit article, à rester une deuxième année de service. Ils pourraient être astreints à nouveau versement, mais une disposition libérale du décret les en dispense.

ART. 8 DU DÉCRET.

Demande d'exemption de versement.

Les jeunes gens qui ont obtenu le certificat d'admission à l'engagement, et qui sont hors d'état de satisfaire aux obligations déterminées au premier alinéa de l'art. 55 de la loi, adressent au Préfet, immédiatement après la délivrance dudit certificat, une demande d'exemption de ces obligations.

Cette demande est accompagnée :

1° D'un certificat (modèle n° 2 annexé à la présente instruction) constatant la position de famille de l'intéressé ;

2° D'un relevé du rôle des contributions à la charge de sa famille ou à la sienne.

Conditions auxquelles la demande peut être reçue.

La demande ne peut être reçue que si le postulant a été admis à l'examen avec la mention *très-bien*, et si l'impossibilité de satisfaire aux obligations imposées par l'art. 55 de la loi est établie par une délibération du Conseil municipal, saisi d'urgence par le Préfet.   •

Certificat d'exemption de versement pour cent engagés.

Les exemptions de versement peuvent être réparties sur deux, trois ou quatre candidats ; mais il n'est pas accordé plus d'une exemption totale pour cent engagés.

Intervention de la commission permanente.

Le Préfet soumet les demandes à la commission permanente du Conseil général, instituée par la loi du 10 août 1871, et réunie extraordinairement à cet effet.

Après que la commission a donné son avis, le Préfet prononce au nom du Ministre de la guerre.

Certificat d'exemption de versement.

Le Préfet fait connaître aux intéressés la décision qui les concerne. En échange du bulletin indicatif de la somme à verser qui leur avait été remis, il délivre à ceux qui ont obtenu l'exemption totale un certificat, et à ceux qui n'ont obtenu qu'une exemption partielle le même certificat et un nouveau bulletin indiquant la somme qu'ils ont à verser.

ART. 9 ET 10 DU DÉCRET.

Engagement au chef-lieu de département.

Les engagements conditionnels d'un an sont contractés au chef-lieu de département, parce que c'est du chef-lieu que les jeunes gens sont dirigés sur leur corps après leur engagement.

Désignation des corps pour lesquels les engagements sont reçus.

Le nombre des engagements reçus en conformité de l'art. 53 de la loi n'est pas limité. Celui des engagements reçus en conformité de l'art. 54 est fixé annuellement par le Ministre de la guerre.

La décision qui arrête ce nombre pour chaque département, par application de l'art. 54 de la loi (2ᵉ alinéa), désigne en même temps les corps qui recevront les engagés du département admis en vertu des art. 53 et 54. Elle détermine également le chiffre de ces engagés que chacun des corps désignés pourra recevoir.

Le choix du corps dans lequel les jeunes gens désirent servir ne peut donc porter que sur l'un de ceux qui sont indiqués par le Ministre pour recevoir les engagés du département et qui n'ont pas encore atteint, pour ce département, leur maximum d'engagés conditionnels.

Deuxième visite.

Avant de contracter l'engagement, les jeunes gens se présentent devant le commandant du dépôt de recrutement pour être soumis à une nouvelle visite et pour désigner le corps dans lequel ils demandent à servir. Ils sont porteurs du certificat d'acceptation qui leur a été délivré à la première visite.

Des dispositions seront prises à l'avance par les commandants des dépôts de recrutement, pour répartir entre les jours fixés pour les engagements l'opération de la deuxième visite, qui sera, autant que possible, suivie immédiatement de l'engagement.

Jeunes gens qui ne se présentent pas à l'époque fixée.

Les jeunes gens qui, ne tenant pas compte des dispositions arrêtées par le commandant du dépôt de recrutement, ne se présenteraient pas pour la deuxième visite, le jour et à l'heure désignés pour la catégorie d'engagés dont ils font partie, s'exposeraient à être renvoyés à l'année suivante, et même à ne pouvoir plus contracter l'engagement conditionnel d'un an, s'ils étaient dans l'année qui précède le tirage au sort de leur classe.

Aptitude spéciale.

Le commandant du dépôt de recrutement, assisté d'un médecin, constate que le jeune homme qui se présente a continué d'être sain et apte à faire un bon service.

Il s'assure ensuite : 1° que ce jeune homme a la taille, et qu'il remplit les conditions d'aptitude spéciale indiquées au tableau n° 1 pour être admis dans le corps où il désire servir ;

2° Que le nombre des engagés du département que les décisions ministérielles permettent d'affecter à ce corps ne sera pas dépassé.

Taille.

Les conditions de taille pour être admis dans les différentes armes ont été modifiées en ce qui concerne les engagés conditionnels d'un an, en vue d'utiliser un plus grand nombre d'aptitudes.

Connaissances en équitation.

Vu le peu de temps que les hommes ont à passer sous les drapeaux, des connaissances en équitation sont imposées à ceux qui demandent à servir dans les troupes à cheval, mais à des degrés différents, suivant les armes. C'est ainsi qu'on a encore été amené à faire une distinction pour l'artillerie entre les batteries à pied et les batteries montées ou à cheval.

Les jeunes gens qui veulent servir dans les troupes à cheval doivent, en conséquence, produire :

Pour être admis dans la CAVALERIE :

Un certificat attestant qu'ils *savent bien monter à cheval* ;

Pour être admis dans les BATTERIES MONTÉES OU A CHEVAL DE L'ARTILLERIE :•

Un certificat attestant *qu'ils ont l'habitude du cheval* ;

Pour être admis dans LE TRAIN D'ARTILLERIE OU DANS LE TRAIN DES ÉQUIPAGES MILITAIRES :

Un certificat attestant *qu'ils savent monter à cheval ou soigner les chevaux, ou conduire les voitures.*

Commissions d'officiers de troupes à cheval.

Ces certificats sont délivrés par des commissions instituées dans chaque corps d'armée ou division militaire, et composées de trois officiers de troupes à cheval, désignés par le général commandant le corps d'armée ou la division militaire.

Les lieux, jours et heure de réunion des commissions sont fixés par cet officier général, qui en informe les Préfets des divers départements compris dans sa circonscription. Ceux-ci donnent auxdits renseignements la publicité désirable.

Vétérinaires.

Les jeunes gens porteurs du diplôme de vétérinaire sont admis dans les corps désignés par le Ministre de la guerre pour recevoir les vétérinaires. Ils ne sont pas tenus de justifier de connaissances en équitation.

Génie.

Pour entrer dans le génie, les jeunes gens qui ne sont pas dans l'un des cas prévus par l'art. 53 de la loi du 27 juillet 1872 justifient qu'ils satisferont aux conditions spéciales d'aptitude mentionnées au tableau n° 1, en produisant un certificat du directeur de l'établissement où ils ont été employés.

Certificat d'acceptation complété.

Le commandant du dépôt de recrutement, après avoir reconnu que l'engagé remplit toutes les conditions pour être admis dans le corps où il désire entrer, indique, sur le certificat d'acceptation qui lui est représenté, que l'engagement peut être reçu pour ce corps.

Il mentionne, pour les engagés qui demandent à entrer dans l'artillerie, s'ils sont acceptés *pour les batteries montées ou à cheval* ou *pour les batteries à pied.*

Il date et signe de nouveau le certificat d'acceptation et le remet à l'engagé.

Docteurs et étudiants en médecine et en pharmacie.

Les jeunes gens qui ont obtenu le diplôme de docteur en médecine, les étudiants en médecine qui ont satisfait à deux examens de fin d'année, les aspirants au diplôme de pharmacien de première classe qui ont passé, avec la note *bien satisfait*, les deux premiers examens de fin d'études, sont autorisés à accomplir dans les hôpitaux, pour être employés dans leur spécialité, sous la direction de médecins et de pharmaciens militaires, le temps de service auquel ils sont tenus par leur engagement ; mais comme cet engagement doit être contracté avant le tirage au sort de leur classe (voir plus loin, demandes de sursis), et qu'à cette époque ils n'auront pas les titres voulus, ils seront reçus à s'engager pour les corps auxquels ils sont aptes.

Maintenus sur leur demande en sursis, sous les conditions qui seront indiquées ci-après, ils seront, lors de leur mise en route, après avoir justifié de leurs titres, affectés par voie de changement de destination, sur l'ordre du général commandant la subdivision, à une section d'infirmiers militaires.

Pièces exigées par l'officier de l'état civil.

Les jeunes gens porteurs de certificat d'acceptation complété se présentent devant l'officier de l'état civil, qui fait par lui-même, ainsi qu'il est dit, les constatations prescrites. Ils lui remettent le certificat d'acceptation, et, indépendamment des pièces dont il est fait mention dans l'art. 5 du décret du 30 novembre 1872, ils produisent :

1° Soit l'un des certificats prescrits par l'art. 2 du présent décret, soit le certificat d'admission à l'engagement délivré par le Préfet ;

2° La déclaration de versement établie par le préposé de la Caisse des dépôts et consignations.

Le certificat d'exemption de versement tient lieu de déclaration de versement pour les jeunes gens qui ont obtenu l'exemption totale ; il accompagne cette déclaration pour ceux qui n'ont obtenu qu'une exemption partielle.

Les engagés écrivent et signent la déclaration prescrite par l'art. 7 du décret du 30 novembre 1872. Cette déclaration reste annexée à la minute de l'acte.

L'officier de l'état civil établit ensuite l'acte d'engagement.

ART. 12 DU DÉCRET.

Jeunes gens reconnus aptes au service par le conseil de révision après avoir été refusés comme engagés.

Les jeunes gens qui réclament l'application de l'art. 12 du décret adressent leur demande au général commandant le département où ils ont tiré au sort, lequel s'assure :

1º Qu'ils sont inscrits sur les listes de leur classe ;

2º Qu'ils ont réclamé, dans l'année qui précède l'époque où ils ont tiré au sort, le certificat d'acceptation de l'autorité militaire pour être admis à contracter l'engagement conditionnel d'un an ;

3º Qu'ils n'ont pas été, à ce moment, reconnus propres au service ;

4º Qu'ils étaient alors pourvus, s'ils se présentent dans les conditions de l'art. 53 de la loi, de l'un des titres mentionnés à l'art. 2 du décret.

Certificat de jeune soldat assimilé aux engagés d'un an.

Le général, après cette constatation et après s'être fait présenter le certificat de bonnes vie et mœurs prescrit par l'art. 46 de la loi du 27 juillet 1872, délivre aux intéressés un certificat modèle nº 11 qui leur confère la qualité de jeunes soldats assimilés aux engagés volontaires d'un an, à la condition qu'ils satisferont aux obligations imposées aux engagés conditionnels par l'art. 55 de la loi, et par l'art. 54 s'il y a lieu.

Les jeunes soldats assimilés sont mis en route avec les jeunes soldats de leur classe.

Les jeunes gens susceptibles d'obtenir ces certificats

n'en sont pas moins jeunes soldats. Ils sont donc mis en route avec leur classe, si la date de cette mise en route est antérieure à l'appel des volontaires de l'année.

Jeunes soldats dans les conditions de l'art. 54 de la loi.

Une fois incorporés, les jeunes soldats de cette catégorie placés dans les conditions de l'art. 54 de la loi font parvenir au préfet du département dans lequel ils tiennent garnison, par la voie du conseil d'administration de leur corps, une demande d'admission à l'examen.

Cette demande, adressée dans la forme et aux époques prescrites pour les volontaires d'un an, est accompagnée du certificat délivré par le général.

Les jeunes gens qui ont satisfait à l'examen reçoivent du préfet le certificat d'admission et le bulletin indicatif de la somme à verser.

Pour obtenir l'exemption de versement, ils s'adressent au préfet, par l'intermédiaire des conseils d'administration. Il est procédé à l'égard de ces demandes comme il est dit à l'art. 8 du décret.

Jeunes soldats dans les conditions de l'art. 53 de la loi.

Les jeunes soldats qui sont dans les conditions de l'article 53 de la loi demandent au préfet, par l'intermédiaire du conseil d'administration de leur corps, le bulletin indicatif de versement. Le conseil atteste sur la demande que ces jeunes soldats sont porteurs du certificat qui les assimile aux engagés conditionnels d'un an.

La déclaration de versement, le certificat d'admission délivré par le préfet, ou l'un des titres mentionnés à l'article 2 du décret, ainsi que le certificat délivré par le général, sont remis par les jeunes gens au conseil d'administration du corps.

Avis au commandant du dépôt de recrutement.

Au reçu de ces pièces, le conseil d'administration annote l'homme comme assimilé aux engagés conditionnels d'un an, et en donne avis au commandant du dépôt de recrutement du département où le versement a eu lieu. L'assimilé est inscrit, par les soins de cet officier, sur le contrôle des engagés conditionnels du département avec la mention : *assimilé aux engagés conditionnels (art.* 12 *du décret).* Il est compris sur l'état des hommes incorporés adressé au préfet.

Jeunes soldats qui n'ont pas été mis en route au moment où sont souscrits les engagements conditionnels.

Il peut arriver que l'appel des jeunes soldats de la classe, au lieu de précéder la mise en route des engagés conditionnels de l'année, soit postérieure à cette mise en route, et que les jeunes soldats qui peuvent réclamer le bénéfice de l'art. 12 du décret se trouvent dans leurs foyers au moment où ont lieu les diverses opérations relatives au volontariat d'un an (examen et versement).

Dans ce cas, les jeunes soldats dont il s'agit, après s'être procuré le certificat d'assimilation, adressent directement au préfet les diverses demandes prévues aux paragraphes ci-dessus.

La déclaration de versement, le certificat d'assimilation ou le titre universitaire ainsi que le certificat d'admission, sont remis au commandant du dépôt de recrutement. Cet officier annotera ces jeunes soldats comme assimilés, tant sur le registre matricule prévu par l'art. 33 de la loi que sur le contrôle des engagés conditionnels.

Les dispositions du présent numéro sont applicables, alors même que la mise en route de la classe a précédé l'appel des volontaires de l'année, aux jeunes gens placés dans les conditions de l'art. 53 de la loi et susceptibles d'être assimilés aux engagés d'un an qui n'ont pas terminé les études de la Faculté ou des écoles auxquelles ils appartiennent.

Ces jeunes soldats reçoivent, sur leur demande, un sursis de départ pour attendre dans leurs foyers l'époque fixée pour les versements des engagés conditionnels de l'année. Ce sursis sera d'ailleurs échangé, après le versement, contre celui dont il est parlé sous l'art. 13 du décret.

Durée du service.

Les jeunes soldats assimilés aux engagés conditionnels d'un an, bien qu'ils comptent leur service du 1er juillet de l'année où ils tirent au sort, sont tenus de rester sous les drapeaux le temps qu'y passent les engagés conditionnels de l'année ; ils sont envoyés en même temps qu'eux dans la disponibilité.

Application des art. 56, 57 et 58 de la loi.

Par le fait, d'ailleurs, qu'ils sont assimilés aux engagés conditionnels d'un an, ces jeunes soldats doivent remplir tous les devoirs et supporter toutes les charges qui incombent à ces engagés, comme ils jouissent de tous les avantages qui leur sont réservés.

Il en résulte que les dispositions des art. 56, 57 et 58 de la loi du 27 juillet 1872 leur sont pleinement applicables.

Engagé réformé reconnu propre au service par le conseil de révision.

L'engagé conditionnel réformé avant son incorporation, et qui ultérieurement a été reconnu propre au service par le conseil de révision, est, sur sa demande, assimilé aux engagés d'un an, à charge de faire de nouveau le versement de la prestation fixée.

ART. 13 DU DÉCRET.

Conditions auxquelles sont accordés les sursis.

En accordant des sursis aux engagés d'un an qui n'ont pas terminé leurs études, la loi exige que ces engagés se trouvent dans les conditions de l'art. 53 de la loi et que leur engagement ne soit pas contracté avant l'année qui précède l'appel de leur classe.

Demandes de sursis.

Les demandes de sursis doivent être adressées au général commandant la subdivision, immédiatement après l'engagement.

Certificat à l'appui.

Elles sont accompagnées d'un certificat délivré par le doyen de la Faculté à laquelle les engagés appartiennent ou par le directeur des écoles dont ils suivent les cours. Ce certificat, outre l'attestation que les jeunes gens ont commencé leurs études, fait connaître la durée du sursis qui leur est nécessaire pour les achever.

Justification à faire par les engagés en sursis.

L'engagé qui a obtenu un sursis est tenu de produire chaque année, pendant le mois de novembre, au commandant du dépôt de recrutement un certificat délivré par le doyen de la Faculté ou par le directeur de l'école à laquelle il appartient, attestant qu'il est toujours en cours d'études.

Faute d'avoir produit ce certificat, il est mis en route avec les engagés conditionnels de l'année.

Renouvellement des sursis.

Les sursis mentionnés à l'art. 13 du décret peuvent être renouvelés par l'autorité militaire jusqu'à ce que l'engagé ait accompli sa vingt-quatrième année, mais ils ne sauraient dépasser cette limite.

L'engagé maintenu en sursis, qui a vingt-quatre ans, est mis en route avec les engagés conditionnels de l'année.

Deuxième année et déchéance.

Les engagés conditionnels qui ont obtenu un sursis peuvent être tenus, quel que soit leur âge, de rester une deuxième année sous les drapeaux, en conformité de l'article 56 de la loi. Si, par application du même article, ils viennent à être déchus des avantages réservés aux engagés conditionnels, ils accomplissent dans l'armée active le temps de service qui a été imposé aux hommes de la première partie de la classe à laquelle ils appartiennent par leur engagement. Cette obligation ressort d'ailleurs des termes de l'acte qu'ils ont souscrit.

ART. 14 DU DÉCRET.

Date de la mise en route.

Les nécessités de l'instruction spéciale qui sera donnée aux engagés conditionnels d'un an exigent qu'il y ait une seule date pour leur mise en route et une seule date pour leur départ du corps.

Temps de service.

L'année entière doit être passée sous les drapeaux. Aussi le temps de service ne commence-t-il qu'à partir de la mise en route.

Quant au temps qui s'écoule entre le jour de l'engagement et celui de la mise en route, il compte en déduction du temps que les jeunes gens ont à passer dans la disponibilité ou dans la réserve de l'armée active.

Engagés malades au moment de la mise en route.

Les engagés atteints, au moment de la mise en route, d'une maladie dûment constatée, qui, dans un délai d'un mois, n'ont pu être dirigés sur leur corps, sont ajournés à l'année suivante en vertu d'un sursis délivré par l'autorité militaire.

Acte d'engagement renvoyé au commandant du dépôt de recrutement.

Si dans le délai d'un mois l'engagé ne s'est pas présenté, et s'il n'est pas justifié des motifs qui peuvent l'en avoir empêché, la copie de son acte d'engagement, adressée au corps en conformité du n° 64 de la présente instruction, est renvoyée au commandant du dépôt de recrutement.

Poursuites en insoumission.

Le commandant du dépôt de recrutement signale, s'il y a lieu, l'engagé comme insoumis.

Insoumis déchu des avantages de l'engagement.

L'engagé condamné pour insoumission est, par le fait seul de cette condamnation, et sans être l'objet d'une décision du Ministre, déchu du bénéfice du volontariat d'un an et replacé dans les conditions des hommes de la première partie de la classe à laquelle il appartient par son engagement.

ART. 15 DU DÉCRET.

Les engagés conditionnels d'un an sont tenus aux déclarations de changement de domicile.

Les engagés conditionnels d'un an qui ont satisfait aux conditions de l'art. 56 de la loi sont à la disposition du Ministre de la guerre ; ils sont inscrits sur les contrôles du département où ils ont leur domicile légal.

L'Administration devant toujours connaître le lieu où ils se trouvent, ils sont soumis, quant aux déclarations à faire, aux obligations des art. 34 et 35 de la loi, s'ils veulent changer de domicile.

DISPOSITIONS TRANSITOIRES.

Jeunes gens des classes de 1872 et suivantes, présents au corps, admis aux avantages de l'engagement conditionnel.

Les jeunes gens de la classe de 1872 et des classes suivantes, présents sous les drapeaux *à la date de ce jour* comme engagés volontaires et qui n'auraient pas conféré l'exemption à leurs frères, peuvent, aux termes du troisième alinéa de l'art. 75 de la loi du 27 juillet 1872, être admis aux avantages de l'engagement conditionnel.

Jeunes gens dans les conditions de l'art. 54 de la loi.

Ceux qui se trouvent dans les conditions de l'art. 54 de la loi demandent à subir l'examen aux époques et dans les formes prescrites pour les jeunes gens qui veulent contracter l'engagement conditionnel. Ils joignent à leur demande un état signalétique et de service, sans être astreints à fournir d'autres pièces. Ils reçoivent, quand ils ont satisfait à l'examen, le bulletin indicatif de la somme à verser.

Jeunes gens dans les conditions de l'art. 53.

Ceux qui se trouvent dans les conditions de l'art. 53 produisent, pour obtenir du préfet le bulletin de versement, outre l'état signalétique des services, l'un des titres spécifiés à l'art. 2 du décret.

L'état signalétique et de service ne peut être refusé par les conseils d'administration des corps que pour des fautes graves et répétées contre la discipline.

Versements.

Pour le versement, ces jeunes gens se conforment aux règles prescrites en ce qui concerne les militaires assimilés aux engagés conditionnels. Les déclarations de versement et les récépissés qui leur ont été délivrés sont remis par eux au conseil d'administration des corps.

Inscriptions au dépôt de recrutement.

Ces jeunes gens sont de même inscrits par le commandant du dépôt de recrutement sur le contrôle des engagés
conditionnels, avec la mention : *assimilés aux engagés
conditionnels d'un an (art. 75 de la loi)*.

Application de l'art. 12 du décret.

Les militaires que concerne l'art. 75 de la loi sont exactement dans les mêmes conditions que les jeunes soldats
assimilés aux engagés conditionnels d'un an. Les prescriptions relatives à ces jeunes soldats leur sont donc applicables.

Versailles, le 1er décembre 1872.

Le Ministre de la guerre,

Général E. DE CISSEY.

MINISTÈRE
DE LA GUERRE.

MODÈLE N° 1.

Art. 1er du décret
du 1er décembre
1872.

TABLEAU indiquant la taille et les conditions spéciales d'aptitude à exiger des engagés conditionnels d'un an pour leur admission dans les différentes armes.

ARMES.	TAILLE MINIMA.	CONDITIONS SPÉCIALES D'APTITUDE.	OBSERVA-TIONS.
Infanterie.......	1m,54		
Cavalerie. Cuirassiers..	1 68	Savoir bien monter à cheval (1).	Les connaissances en équitation seront constatées par une commission composée d'officiers de troupes à cheval.
Dragons..... Chasseurs... Hussards....	1 60		
Artillerie. Batteries à pied.......	1 64	Être habitué à monter à cheval (1)	
Batteries montées ou à cheval......	1 64		
Train d'artillerie.	1 64	Être habitué à monter à cheval ou à soigner les chevaux ou à conduire les voitures (1).	
Génie...........	1 54	Satisfaire à l'une des conditions suivantes: être admis à l'engagement en vertu de l'article 53 de la loi du 27 juillet 1872, ou être dessinateur, ou avoir été soit ouvrier, soit contre-maître dans des ateliers ou des chantiers de construction, ou avoir été employé soit dans le service de la télégraphie, soit dans le service des chemins de fer, au matériel, à la traction ou à la voie.	
Équipages militaires........	1 64	Être habitué à monter à cheval ou à soigner les chevaux ou à conduire les voitures (1).	

DÉPARTEMENT

d

—

CANTON

d

—

COMMUNE

d

ENGAGÉS CONDITIONNELS D'UN AN

—

MODÈLE N° 2.

—

N° 45 de l'instruc-tion du 1er décembre 1872.

CERTIFICAT à l'appui d'une demande de dégrèvement formée par un engagé conditionnel d'un an.

NOMS DU PÈRE, DE LA MÈRE, des frères et des sœurs.	AGE.	CONDITIONS ou PROFESSIONS.	SITUATION de FORTUNE et montant des contributions.	OBSERVATIONS PARTICULIÈRES.

A   , le   18 .

Le Maire de la commune d

Poitiers.— Typ. de A. Dupré.

TABLE

ENGAGEMENTS VOLONTAIRES ET RENGAGEMENTS.

(Loi du 27 juillet 1872. — Art. 46 à 52.)

DÉCRET DU 30 NOVEMBRE 1872 SUR LES ENGAGEMENTS
VOLONTAIRES ET LES RENGAGEMENTS.

INSTRUCTION EXPLICATIVE DES DIVERSES DISPOSITIONS DU DÉ-
CRET DU 30 NOVEMBRE 1872 SUR LES ENGAGEMENTS VOLON-
TAIRES ET LES RENGAGEMENTS.

(Circulaire du ministre de la guerre, du 30 novembre 1872.)

FIN DE LA TABLE.

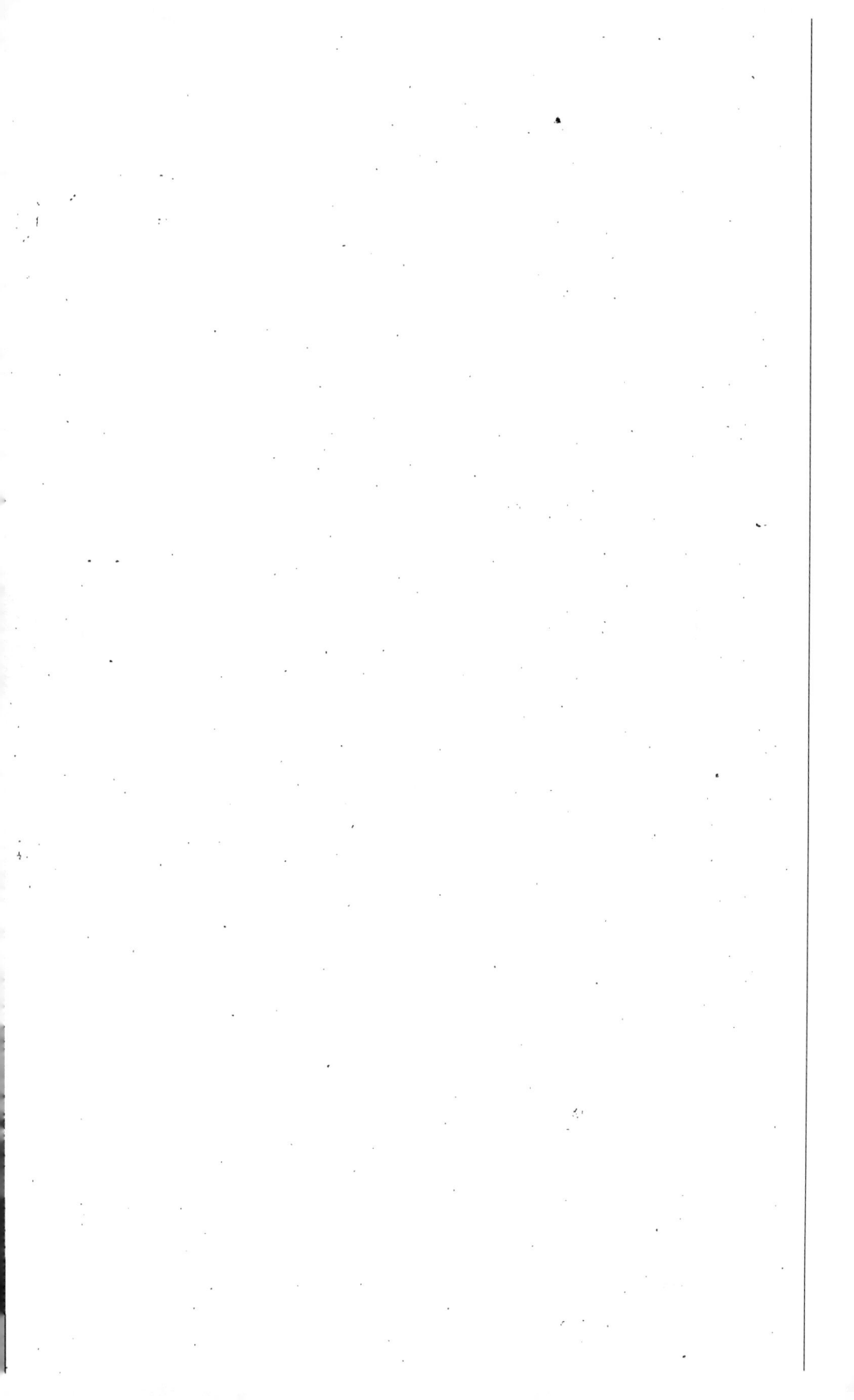

CONSEIL GÉNÉRAL DE LA VIENNE

SESSION D'AOUT 1872

RAPPORTS

DU PRÉFET

ET DU

PRÉSIDENT DE LA COMMISSION DÉPARTEMENTALE

ET

DÉLIBÉRATIONS

DU CONSEIL GÉNÉRAL

POITIERS

TYPOGRAPHIE DE A. DUPRÉ

RUE NATIONALE

1872

www.ingramcontent.com/pod-product-compliance
Lightning Source LLC
Chambersburg PA
CBHW071511200326
41519CB00019B/5899